分，就一般言（虽有特殊或例外），大体有着共同的或相似的要求和规范（如"不说谎"、"不自杀"等等）。第二，在各种即使不同的道德要求和伦理规范中，都同样是要求个体自觉用理性来主宰、支配自己的感性行为，直至牺牲自己的感性存在（生命）。在这"理"、"欲"的剧烈冲突中，"理"占上风，从而完成伦理行为、道德品格。所以我称之为"理性的凝聚"。伦理绝对主义突出了这一特征，却以"上帝"、"先验理性"、"天理"、"良知"等等名义来令人信从。其实，这一特征只是心理形式，而非具体内容。它们所提出的具体内容都只是相对伦理，都服从于特定时空条件的社会要求。第三，其结果却是通过各种相对伦理，历史地积淀出了某些共同性原则，特别是积淀出人类这一文化心理的结构形式，即"自由意志"，它是"内在自然人化"的重要组成部分。这就是关键，这就是成就。第四，可见，这个心理形式，被称为"伦理本体"或"自由意志"，是以人类总体（过去、现在、未来）的生存延续为根本背景、依据和条件，也在根本上服务于这个"总体"。从而它的"普遍必然"，如同认识论的逻辑形式和自由直观的"普遍必然"一样，是以人类总体为限度。它实际是由"经验"上升而来的所谓"先验"。它作为似乎超越时空条件的"宗教性道德"（先验原则）的"绝对伦理"，是以一定时空条件下的社会性道德的相对伦理为其真实的产生基地。这也就是"绝对伦理"与"相对伦理"的辩证法。

　　自古以来，各个时期人类社会都有一大堆的礼仪、习俗、制度、法律、宗教和艺术，其现实功能在于组建当时的"社会性道德"，即

"相对伦理";其长远的本体功能,却在塑造作为"绝对伦理"和"宗教性道德"寓所的"自由意志"。就中国说,大传统中的儒学教义固然如此,小传统中,即使作为娱乐的戏曲如《生死牌》、包公戏中强大的伦常情感,至今感人,也如此。就是说,伦理相对主义以其历史的具体经验性的社会性道德,来不断地构造、组建积淀作为绝对伦理主义寓所的文化心理的结构形式或伦理本体。"绝对"通过"相对"来构建。这也就是我以前说过的"经验变'先验'(经验值所以可能的条件),历史建理性,心理成本体"。①

下面不嫌重复,再抄一段过去说过的话:

"自由意志"和"绝对律令"有关。康德曾指出,必须使你的行为具有普遍性才是道德的。这就是所谓"实践理性"。这"实践理性"从何而来,康德认为不可求解,只是先验形式。但依人类学历史本体论看,这个所谓"先验"仍然来自维护人类总体(不是任何特定时、空中的群体)的生存和延续。个体一出生,即有此道德"义务"。你出生在一个没法选择的人类总体的历史长河(衣食住行的既定状况和环境)之中,是这个"人类总体"所遗留下来的文明——文化将你抚育成人,从而你就欠债,就是准备随时献身于它,包括牺牲自己。这就是没有什么道理可说,只有绝对服从、坚决执行的"绝对律令"和"实践理性"的来由。这是一种"宗教性道德",是一种伦理绝对主义。"实践理性"、"绝对律令"之所以具有至高无上的地位,

---

① 参阅拙著《走我自己的路·人类学示意图序》,台北,三民书局,1996年版。

它之所以高于一切,不仅高于个体存在,也高于任何群体、民族、阶级、社会、时代的功绩和利益,高出任何具体的历史事件和任务,正因为它所代表的是人类总体的生存。它就是"天"、"神"、"上帝"。在这种"宗教性道德"面前,任何个体都无限渺小,从而才会产生那无比敬重的道德感情。在这一点上,康德完全正确:"绝对律令"(实践理性)在先,道德感情(个体心理)在后。在这里,道德伦理、"实践理性"与幸福、快乐、利益与个体甚或群体的经验便无关系,而且还经常与个体的幸福、快乐、利益、快乐相敌对相冲突,并以牺牲它们而显示自己的无比优越和无上崇高。所谓"战战兢兢,如临深渊,如履薄冰",所谓"读圣贤书,所学何事;而今而后,庶几无愧",便都是这种"宗教性道德"的自觉意识,亦即所谓"良知"、"灵明"。

但历史行程总是具体的。所谓"人类总体"又离不开一时一地即特定时代、社会的人群集体。因此这种"绝对命令"、"实践理性"或"良知"、"灵明",都只是某种形式性的建构。它的具体内容却常常来之于具体的时代、社会、民族、集团、阶级等等背景、环境而与特定群体的经验利益、幸福相互关联,从而具有极大的相对性和可变性。任何被人们执行或履行的伦理法规,都是产生在特定时空具体条件之下,这就是黑格尔、马克思、孔德(auguste Comte)以及现代文化人类学家们用伦理相对主义来反对康德的原因:并没有那种先验的"实践理性",那只是空洞的形式;显示存在的是随时代、社会、利益、环境不同而各不相同的伦理法规和道德原则。它们由法规、规约、习惯、风俗等等形式表现出来，常常是由外在的强制，经过长久的历史，化为内在的自觉要求。这可称之为"社会性的道德"。

"宗教性道德"和"社会性道德"之作为道德，其相同点是，两者都是自己给行为立法，都是理性对自己的感性活动和感性存在的命令和规定，都表现为某种"良知良能"的心理主动形式：不容分说，不能逃避，或见义勇为，或见危受命。其区别在于，"宗教性道德"是自己选择的终极关怀和安身立命，它是个体追求的最高价值，常与信仰相关联，好像是执行"神"（其实是人类总体）的意志。"社会性道德"则是某一时代社会群体（民族、国家、集团、党派）的客观要求，而为个体所必须履行的责任、义务，常与法律、风习、环境相关联。前者似绝对，却未必每一个都能履行，它有关个人修养水平。后者似相对，却要求该群体的每个成员的坚决履行，而无关个体状况。对个体可以有"宗教性道德"的期待，却不可强求；对个体必须有"社会性道德"的规约，而不能例外。一个是最高纲领，一个是最低要求；一个是范导原理（*regulative principle*），一个是构造原理（*constitutive principle*）。（借用康德术语，非其原意。）

"宗教性道德"和"社会性道德"关系极其错综复杂，有时判然有别，并不沟通；有时互相重合，似为一体。经常可见的是人（特定群体）的规范以神的旨意出之："社会性道德"

以"宗教性道德"的身份与名义出现。这在没有宗教的中国式的"政教合一"的传统中，特别突出：在道德主义的话语、文本中，政治、伦理、宗教交融混同三合一。①

（4）这里，还要作一个极为重要的补充。康德的"绝对律令"的来源是超乎经验（*transcendent*）的"先验理性"，其中不容许存留任何经验性的情感。人类学历史本体论讲"绝对律令"的一句，是经验性的人类总体的生存延续，它并不是"天理"、"上帝"或"纯粹理性"。因之，这个理性原则和"绝对律令"，由于并不脱离感性存在的人类，便可以渗入经验和感情。虽然它本身仍然是理性的，却可以与人的经验、情感相联系相交融。这就是我在思想史著作中一再解说的儒学的"仁"。人类学历史本体论既以相对伦理的社会性道德内容来建构绝对主义的心理形式，这就涉及"情"与"理"、"仁"与"义"等等关系。中国文化特别是如儒学，在这方面有大量的论述。从上古的礼乐、孔子的归"礼"于"仁"、孟子的"养气"、"持志"，到宋明理学朱熹的"格物致知"、王阳明的"致良知"、刘宗周的"诚意"等等，都是强调经过艰苦的道德锤炼以建构理性凝聚的心理形式。这种"理性凝聚"的锤炼便是经验性的，而且不脱离人际感情。

康德的伦理学有极高的神圣性，却很难有具体的操作性。但如果将中国儒学的"仁"灌注于伦理的理性本体，就可为操作性奠立基础。这即是将"天理"落实到人情，将理性情感化。传统儒学或

---

① 《世纪新梦·哲学探寻录》，安徽文艺出版社，1998年版。

以"天心为仁"(汉),或以"仁"为"爱之理"(宋),从而落实为等差亲疏的人际关系和情感关系,由近及远,由家而国,由乡土及四海,形成"仁仁亲民、泽及万物"的一个有机世界。但由于这是以"人类总体的生存延续"这一理性的"绝对律令"为出发点,为道德感情的根源。我曾说:"由于'两个世界'的背景,康德较易使绝对伦理主义亦即'宗教性道德'自圆其说;因为'实践理性'、'自由意志'、'绝对律令'的本体世界是与经验的现象世界截然两分。前者影响、决定后者,却决不能由后者提升而来。这样,伦理道德将保持其宗教性的本体崇高而不致沦为只有相对价值的时代社会性能。人类学历史本体论和中国'乐感'的儒学传统,由于'一个人生'的背景,本体即在现象中,并由此现象而建立。没有超越的上帝或先验的理性,有的只是这个'人类总体',它是现象,又是本体。从而'绝对律令'等等作为文化心理结构,必须与特定时空条件下的经验'现象界'相联系相贯通,并由之塑造、积淀而来。"①

这即是"人类学历史本体论"与中国传统儒学相融会而成的"自然人化"理论,它追求"极高明而道中庸"。即第一,它将康德的理性绝对主义视作人类伦理本体的建造,并具体化为文化心理结构的塑建。这"心理"并非经验科学的实证研究,仍是哲学假定。第二,它将中国儒学的"仁"的情感性注入这一伦理本体,使"先

---

① 《世纪新梦·哲学探寻录》,安徽文艺出版社,1998年版。

验"理性具有经验性的操作可能。"实用理性",亦此之谓。①第三,从而为区分今日"宗教性道德"与"社会性道德"提供理论基础。这也就是本文主旨所在。这一理论或应名为"哲学心理学"或"先验心理学"。②

摘自《己卯五说》

---

① 这与牟宗三不同。牟虽然也将儒学的经验性的"仁"化为先验的"于穆天命",但由于缺乏"人类学历史本体"和"文化心理结构"、"实用理性"这些根本观念,就不能很好解说康德作为"绝对律令"根基的先验理性神圣性之所由来。他的"经验变先验"便将逻辑地或走入超验的宗教,或流向经验的人欲。参阅《己卯五说·说儒学四期》等文。

② "先验心理学"也可作为康德哲学的本名。康德哲学这一重要内容为20世纪各派学所贬低、鄙视和舍弃。以语言为中心的逻辑主义成了主流,其实值得重新审视。心理乃经验,心理学当然是经验科学。因此所谓"先验心理学",在这里指的是从哲学角度提出经验的伦理心理之所以可能的先决条件,而非研究心理经验本身。这里涉及伦理学与心理学的关系问题。伦理学在性质上本无关心理,它是维持社会的法则和原理,个体心理不是伦理学的主要对象;虽然心理学可以来研讨伦理行为中的个体心理问题,正如可以有战争心理学,但战争主要不是心理或心理学的问题一样。某些学者(如 *John H Riker*, *Ethics and the discovery of the Unconscious*, SUNY, 1997)想从个体的经验心理包括无意识出发来探究甚或建立伦理道德法则,推论善恶,恐怕只能提供医学治疗学的价值,而不具有伦理学的意义。伦理是由社会来支配个体,心理则从个体来看社会。只有美学(而不是伦理学)能彻底交融二者。因之,本文所谓"内在自然的人化"、"文化心理结构"等等,便都是哲学命题,它只是揭示伦理学的心理含义,而并非心理科学的本身。所以,与胡塞尔的断言相反,本文以为"先验心理学"并非心理学,而只是哲学。(摘自《己卯五说·说天人新义》)

两种道德论

(2001)

> 我不相信个体的不朽。我认为伦理学只是对人的关怀，并无超人类的权威立于其后。
>
> ——A. 爱因斯坦

第一节 经验变先验

I 宗教性道德

何谓道德？道德和道德学的基本问题是什么？道德究竟能否作为一门科学或学科来研究？作为研究道德的伦理学（*ethics*），主要研究道德语言的中性分析如元伦理学（meta-ethics）还是规范性（normative）的法则、范畴或主张（快乐主义、先验论、功利主义）？凡此种种道德领域中的诸多问题，都是众说纷纭，莫衷一是。本章只拟从文化心理结构的角度对道德作些现象描述：即认为道德是个体对社会人际（某群体如家庭、宗族、集团、民族、国家、党派、阶级等等）关系在行为上的承诺和规范。说它是"行为上"，因为它必须履行、执行，即是实践性的，是会产生现实后果的。重要的是"承诺"和"规范"，这二者说明它对个体行为时自觉意识到的活动（虽然不一定自觉意识这一承诺、规范本身），是有认识—理解—判断等知性因素起作用，甚至起主要和支配作用的活动。这也就是所谓"理性"主宰的活动。它在个体心理上展现为有意志或意志力量的活动。

道德不同于法律的外在强制。遵循法律的活动是合法行为，它对个体的规范以至束缚、压抑是强制性的外在服从，即所谓服从法令、遵守纪律等等。道德是个体内在的强制，即理性对各种个体欲求从饮食男女到各种"私利"的自觉地压倒或战胜，使行为自觉或不自觉地符合规范。理性对感性的这种自觉地、有意识的主宰、支配，构成了道德行为的个体心理特征，我曾称之为"理性的凝聚"。①

这种主宰、支配，可以成为不自觉甚至无意识的，例如孔子讲

---

① 参阅拙文《关于主体性的补充说明》（1983年），收入三联版《实用主义与乐感文化》一书中。

的"从心所欲不逾矩"。这常常是在特定文化传统中，经由漫长的训练、培育、修养，才能出现的。中国古代的"习礼"，孔夫子讲的"立于礼"，俗话说的"学做人"，以至今日儿童教育中的种种区分对错好坏、判断行为举止等等，都是这种训练和培育。孟子说，"人之异于禽兽者几稀。"中国古来号称"礼仪之邦"，都强调人禽之别在于道德，即以此故。即认为人是经过理性的长期培育、训练而成为群体中的一分子的。道德在心理上是人类所特有的理性凝聚的成果，这种"理性凝聚"对个体感性承诺在所起主宰、支配力量之强大，使康德称之为绝对律令（catagorical imperative），中国宋明理学则冠之"天理"（朱熹）、"良知"（王阳明）。

可见，道德并非幸福；此点康德论之甚详。对个体来说，道德常常以与个体幸福（以快乐为根本基础）相冲突、对抗而展现，常常要求个体牺牲一己的幸福。它以超越甚或否定个体的感性幸福、快乐以至生命、生存而取得崇高的尊严地位。一个宁死不屈的敌人和一个举枪投降的敌人，从现实功利上，你会喜欢、奖励甚至赞扬后者，你会仇恨、惩罚甚至杀戮前者。你也会嘲笑、蔑视前者宁死不屈所坚持信奉的"主义"、宗教、主张、原则。但是，从内心深处，你又似乎不由自主地仍然会尊重甚至钦佩他（她）。为什么？因为它超乎现实功利，它以人选择死亡宣布理性原则（所信奉的"主义"、宗教等等）对感性存在的无比优越和胜利。文天祥在监狱中曾写有表达宁死不屈的《正气歌》："天地有正气，杂然赋流行，下则为河岳，上则为日星，于人曰浩然，沛乎塞苍冥。"与康德"位我上者，灿烂星空；道德律令，在我心中"一样，也是说人的道德之

"浩然正气"可以与宇宙天地相比美相连接。它的崇高超出和超越了个体感性生命的存在。既然超出和超越感性生命,道德的本性特征当然便与任何经验无干。所以康德说它是超验或先验的,与经验的幸福无关。幸福是美学问题,因为即使是心灵的"幸福"也包含感性因素如愉悦、满足在内。道德或伦理却非如此,它是研究人的行为准则及其"理性"依据。对个体来说,它并不管人的经验(苦乐、利害等等)如何。

问题是:个体的这种"理性凝聚"的伦理意志或道德力量,它超越了个体的幸福、经验、利害、要求,到底从何而来和所为为何呢?这也就是问:康德讲的"绝对律令"、中国传统讲的"天理"、"良知",究竟从何而来?个体绝对地服从和履行它们,又为了什么?

这便是道德问题或伦理学的关键所在。

康德和一切宗教,也包括中国的儒家传统,都完全相信并竭力论证存在着一种不仅超越人类个体而且也超越人类总体的天意、上帝或理性,正是它们制定了人类(当然更包括个体)所必须服从的道德律令或伦理规则。因之,此道德律则的理性命令,此"天理"、"良心"的普遍性、绝对性,如"人是目的"、"三纲五常",便经常被称之为"神意"、"天道"、"真理"或"历史必然性",即以绝对形式出现,要求"放之四海而皆准,历时古今而不变",而为亿万人群所遵守和履行。这就是所谓绝对主义伦理学,也就是我所谓的"宗教性道德"。它把个人的"灵魂拯救"、"安身立命"即人生意义、个体价值均放置在这个绝对律令之下,取得安息、安顿、依存、寄托。人生在世,就在于尽此义务,以做上帝的忠实的仆人,或作慈父良母孝子贤孙。生活真理就在耶稣所说"我就是道路、真理、生活"。这种"绝对命令"对人的内心从而人的行为具有不能抗拒、无可争议的规定性和规范作用。它是超验或先验的理性的命令，却要求经验性的情感、信仰、爱敬、畏惧来支持和实现。例如犹太—基督教的《旧约》、《新约》，伊斯兰教的《古兰经》，中国古代的《论语》、《孝经》等等。这样，伦理学的基本课题——个体的人为什么活的问题，便以这种超个体甚至超人群集体为依据为鹄的，而获得了某种回答。人们以之为个体的自觉行为准则和信心规范，来实现人的存在价值。这种"宗教性道德"，不仅以某种超有限人世的对象或理论为依据，而且常常伴随有各种仪式性的活动、举止和组织，并重复进行，以传布、加强、巩固内心和情感。其由来久远，从远古的巫术礼仪（shamanistic rituals to social rites）以及各种 taboo、totem，到基督教、伊斯兰教，到现代各种各样宗教半宗教甚至非宗教的群体集会。包括近世世俗性的某些"主义"，也都以某种先验（虽不是超验，不是超世间人际）的理论、理想将世上"天国"的乌托邦作为个体追求的人生意义、生活价值的崇高目标，以规范、决定、制约人的内心世界和行为活动，强调个体的幸福应该纳入或设置在此先验目标下；也有一套准宗教性的仪式、集会和组织来强化情感和信仰，这种现代式的"政治宗教"与传统的宗教一样，其空想的乌托邦对个体追求的道德完善、心灵安顿、精神满足也就是个人的安身立命、终极关怀，无容置疑地具有极为重要的意义。"人总是要有点精神的"，"人总是要有点理想的"，"宗教性道德"以提供这种理想、精神，使人们可以如醉如痴如狂地沉浸其中而感到快乐无比。即使是牺牲生命，即使是艰苦异常，即使是历尽磨难，也决不回顾，决无反悔。它常常显示出人的崇高、尊严，显示出人之不同于动物，不同于仅满足于感性快乐、世俗幸福之中的人的"真正的"主体所在。

Ⅱ "礼"源于"俗"

那么，这种"宗教性道德"究竟从何而来？

如果相信上帝，那么它们应都来自上帝。但如果上帝只有一位，世上为什么会有这么多不同的宗教、不同的教派、不同的信仰而且常常争斗不休冲突不已呢？当然，上帝的事情是人所不能理解、不能过问的，那就不必问、不该问。但是假若有怀疑心有好奇心而偏偏想问，该如何办呢？

上帝不会回答。人们只能试图回答。我的尝试回答是：宗教性道德本是一种社会性道德。它本是一定时代、地域、民族、集团即一定时、空、条件环境下的或大或小的人类群体为维持、保护、延续其生存、生活所要求的共同行为方式、准则或标准。由于当时的环境和主客观条件，这种社会性道德必须也必然以一种超社会超人世的现象出现。从图腾时代的动物崇拜到宗法社会的祖先崇拜，从多神到一神，从巫术到宗教，甚至抽象到哲学理论上，都如此。即都以世上人间的各种道德准则、人的行为规范、心性修养，本源于超越此有限人际、生活世俗的"天理"、"良心"、"上帝"、"理性"，正因为这样，人群才慑服，万众才信从。

道德本是维系群体人际关系的原则、准绳，它是一种逐渐形成并不断演化、微调以适应不断变化着的生存环境的产物,成为一种非人为设计的长久习俗。但从远古巫师、古代教主到近代的领袖,它又常常凭借某种传奇性的伟大人物的行为、言语而赋以超越这个世界的严重的神圣性质,经验便由此变成了先验。世间的习俗、经验、法规披戴上神秘光环,成了神圣教义。神圣性使它获有了普遍必然性的语言权力,具有非个体甚至非人群集体所能比拟所可抵御的巨大力量,而成为服从、信仰、敬畏、崇拜的对象。各宗教教主如耶稣、释迦牟尼、穆罕默德,以及中国的周公、孔子,以及某些近代领袖,都如此。"宗教性道德"本来源于一定时空内的某种社会性道德,被提升为"普遍必然性"的信仰、情感的最终依托,成为敬畏崇拜的神圣对象。我欣赏爱因斯坦这位深窥宇宙奥秘的人所说,"道德不是什么神圣的东西,它纯粹是人的事情"。① 但由于各种主客观需要,人的事情变成了神意或神谕。

再简直复述一遍:人是群体动物,"人没有锐爪、强臂、利齿、巨躯而现实地历史地活下来,极不容易。不容易而又奋力活着,**这本身成为一种意义和意识**",②亦即人的生存本身构成了人生价值所在。从猿到人,人类一开始便是某种群居生物族类,其个体生存是与该群体生存紧密连接在一起的。个体为自己也就必须为群体(氏族、家庭、团体、民族、阶级、国家)的生存而奋斗。这种奋斗甚至牺牲,成了人之所以为人的最后的伦理学的实在。任何群体都需

---

① 《爱因斯坦文集》第 1 卷,第 283 页。
② 《第四提纲》,商务印书馆,1976 年版;《学术月刊》,1994 年,第 10 期。

要这种伦理要求，并将它变为自觉意识来约束、统治个体，以维护其群体与族类的生存延续。这也大概是最初的具有公共特性的语言本身的重要内容，一开始它就具有权力性和命令性。从发生学说，命令句式恐怕就在陈述句式之前。而这也就是这一特定群体社会的伦理道德的规定形式的开始。从原始宗教到近现代的各种"主义"哲学以及意识形态，这种社会性的伦理道德语言之所以常常要以神圣的或神秘的言说和形式来宣讲出现，就是因为只有以这种形式的言说才拥有使渺小的个体所不能抵抗、不可争辩、无法阻挡的力量而被认同、服从和履行，使它成为个体自觉意识到人生意义、生活价值、安身立命、终极关怀之所在。在古代各文化传统中，伦理、政治、道德一般都具有神圣或神秘的宗教性能，政治与道德、社会性道德与宗教性道德常常混而不分。中国两千年来传统的"三纲五常"具有"天理"、"良知"的至上神圣性和"普遍必然性"。西方的基督教义（《圣经》），阿拉伯国家的《古兰经》，更直接以神的旨意宣讲伦理道德的普遍必然的绝对性。实际上，这种"先验"或"超验"的普遍必然只是一定历史时期的客观社会性的经验产物，但"给经验以权威"，便成了原始的神圣。①

"宗教性道德"本源于"社会性道德"，在中国"礼源于俗"的历史学的考察中显露出来。章学诚认为贤智学于圣人，圣人学于百

---

① 参阅 Daivd Hume，《人性论》第 3 卷。但他将道德归结并建立在情感上，从重视"理性凝集"的历史本体论来看，便过于直接和单纯，失去了道德所应有的"普遍必然性"。

姓。刘师培说，"上古之时，礼源于俗。"① 具有神圣性、要求"普遍必然"的中国的礼制是以民间经验性习俗为来源。它源于远古至上古（夏、商、周）的氏族群体的巫术礼仪，经周公而制度化，经孔子而心灵化，经宋明理学而哲学化，但始终保存了原始巫术的神圣性，成为数千年来中国传统社会的行为准则、生活规范，即所谓"礼教"。"礼教"正是被论证和被相信为"放之四海而皆准，历时古今而不变"的中国人的"宗教性道德"。

例如，作为这个"礼教"的轴心和中国古代诸道德根基的"孝"，本是氏族群体为维护、巩固、发展其生存延续而要求个体履行的一种社会性的道德义务。它是以家庭为单位、以宗族为支柱的小生产的农耕经济的时代产物。但经由巫术礼仪到礼制化和心灵化之后，"孝"便成为"天之经，地之义"，成为先验或超验的"天理"、"良知"，即某种具有超越此世间人际的神圣性的绝对律令。"不孝"不仅违反人际规则，而且是触犯天条，当遭天谴。从汉代《孝经》宣告"孝"是天经地义，到历代小传统中关于孝和不孝受天福遭天谴的传奇故事，都说明"孝"曾经长久是中国人的"宗教性道德"。

不仅是"孝"，从汉儒制定"天人感应"的图景、以神圣性的宇宙系统来规范人的世间行为、甚至成为制约皇帝的活动的政治规范，到宋儒建立天理人欲的道学以先验的"天理"、"良知"来论证宣说人际的伦常纲纪，都是将"社会性道德"的经验内容塞入"宗

---

① 参阅《己卯五说·说巫史传统》。

教性道德"的超验形式,以成为普遍必然、神圣崇高的绝对律令。使个体在履行这道德行为中,其内在心理境界超出狭隘的经验范围,具有某种独立自足无待乎外的强大力量,从而富贵不淫,贫贱不移,威武不屈。这也就是超越于现实功利的道德伦理领域中的"自由意志",作为"人"的标准永远激励后世,甚至千古不灭。经验性的社会性道德内容以先验的宗教性道德的形式出现,便能产生这样巨大的功能和效果。谁能不为耶稣上十字架,孔子"知其不可而为之",以及屈原的执著、文天祥的刚毅、岳飞的勇敢,以及鲁迅的硬骨头,而感到如康德所谓的"道德律令,在我心中"那种唯人独有而可与日星辉映的庄严神圣!

"礼者,履也。"中国圣贤的"修(身)齐(家)治(国)平(天下)"的学理却把这种由"社会性道德"(救世济民)上升为"宗教性道德"(个体的安身立命、终极关怀),而又由后者主宰前者的真情实况暴露得最为清楚。也就是说,由于巫史传统,缺乏由上帝人格神直接颁布的道德律令,中国的"宗教性道德"都只是以远为含混的"天道"、"天意"的名义出现;而"天道"、"天意"又经常与"人道"、"人意"相连,[①] 从而二者的升降渗透,比西方(特别是中世纪以降政教分离)要远为紧密。"天道"即"人道",人事与天意相呼应认同,成了中国人的基本信仰方式和道德准则。千百年来,个体儒生就是在这条道路上求得生命和真理,以安身立命,而不必另找精神安息、灵魂寄托。中国传统士大夫甚至现代知

---

① 如"天视自我民视,天听自我民听"等著名话语。

识分子之所以较难真心信奉其他宗教，对超验事物始终大体采取"敬鬼神而远之"（既不肯定也不否定）和"祭如在，祭神如神在"的（假设它们存在的情感态度）立场，也是这个缘故。人们常说儒家是入世的宗教，这就是因为在中国，"宗教性道德"与"社会性道德"始终没有真正分开。从哲学上讲，中国人只是超越（超越此有限的个体人生），而不是超验（超出人类经验范围）。余英时说，中国是"内向超越"（inward transcendence），而不是"内在超越"（immanete transcendence）。基督教是外在超越，即必须承认具有与人异质的上帝人格神，"内在超越"在西方是泛神论以及基督教中某些神秘教派的主张，包括基督教各正宗教派教义以及康德哲学都认为"内在超越"是神人混同的悖论。

迪尔克姆认为将世界二分为神圣与世俗，是宗教思想的特征。从马克思·韦伯到克利福德·格尔茨也都认为宗教状态及经验是少量或变态的，以与常态的大量的日常经验和状态相区别。这也涉及上述两种道德问题。在现实生活中，这两种道德的联系和区别，非常复杂，可以出现多种不同的情况和形态。格尔茨对同一伊斯兰宗教在摩洛哥和印尼的不同，曾作过具体的分析。在摩洛哥，两个世界（世俗世界和宗教世界）截然分开，从而宗教教义渗透日常生活范围小而力度大。印尼相反，两个世界更为融合，渗透力度小而范围大。① 可见两种道德的关系、范围、力

---

① 参阅 c. geertz, lslam; religious development in morocoo and Indonesia, university of chicagopress, 1971。

度大小在不同文化环境中会大有差异。中国由于历史传统没有形成真正具有人格神的上帝，两种道德的全面渗透合一更是一大特征。数千年中国的儒家礼教强调的是"道在伦常日用之中"，礼制几乎无所不在，贯彻到衣食住行起居饮食各个方面，将社会统治体制与精神信仰体制紧相捆绑造成了"宗教、政治、伦理三合一"。而它们的混同合一，便使个体更为集中关注于现实世界和日常经验的生活、行为、情感和心境。

尽管有不同于儒家并追求摆脱礼教（从政治统治到行为规范）的佛、道两教，但道教追求长生，灵肉不分（道家追求的也只是逍遥人格）；佛教来自西域，在中国或变为士大夫不舍弃世俗生活只求超越心境的禅宗，或成为老百姓去灾免祸、求吉避凶、为人间现实利益服务的"净土"，在对己待人的诸多方面，仍大多沿袭儒学礼教，仍然是仁义忠信、孝亲爱人，只加上或决然避开朝野政治（道），或扔弃各种世俗生活（释）。这种"宗教性道德"实际只是在儒家"独善其身"基础上加上某种或神秘或超验的解说而已。它们虽有一定组织、仪式和教义，但并未能建立真正完全不同于儒家学说而专属于自己的整套道德律则。相反，倒常常是与传统儒学相互渗透和转化。释门师弟以父子相称，并常以之为关系一行为准则。士大夫"出入释老"，不失儒生。老百姓三教合流，同堂祭拜。如以前拙著所认为，这也是为什么中国知识分子和一般老百姓易于接受马克思主义，将信仰、情感和理性调整到"宗教、政治、伦理三合一"的宇宙观和人生观的模式中，关注现实人生，成了与古代传统某种"自然"的组接。但由于长期处于斗争环境，特别经由战争时期，对信仰统一的严格要求，完全埋葬了旧传统在交融和合一中仍然存有的宽容性、偏离性和异议性。当年儒生便可"出入佛老"，奉行多元的宗教性道德。独一无二的现代政治宗教包囊一切，使人的行为、语言、思想、情感已无所逃于天地之间。

第二节　现代社会性道德

I　形式正义和普遍性

由于现代大工业社会的来临,科学技术、生产力、生产方式和"经济基础"的巨大改变,也就是我说的社会存在的"本体"(工具—社会本体)的改变,先在思想领域继而在习俗、政治、法律各个领域,对"宗教、政治、伦理三合一",亦即对社会性道德与宗教性道德相交融的中国传统,不管是"封建"传统还是革命传统,造成了极大的挑战。从戊戌到"五四"是第一次,20 世纪 80 年代至今是第二次。建立在现代化的工具—社会本体之上的、以个人为基地、以契约为原则的现代社会性道德,对上述传统的"三合一"、两交融开始形成巨大的威胁和破坏。

因之,新旧道德观念的冲突斗争社会行为中的无序混乱,内心世界的矛盾重重,思想理论的含糊杂乱,形成了今日所谓"道德危机"、"信仰危机"的症候群。百年前,马克思和恩格斯曾这样描叙过:"生产的不断变革,一切社会关系不停的动荡,永远的不安定和变动,这就是资产阶级的时代不同于过去一切时代的地方。一切固定的古老的关系以及与之相适应的素被尊崇的观念和见解都被消除了;一切新形成的关系等不到固定下来就陈旧了。一切固定的东西烟消云散了,一切神圣的东西都被亵渎了。人们终于不得不用冷静的眼光来看他们的生活地位、他们的相互关系。"现在中国正是如此。这也就是说,今天中国人在现代经济发展中,已经有意识和无意识地在突破两种道德合一的传统状态,而追求建立适合现代要求的"社会性道德"。

所谓"现代社会性道德",主要是指在现代社会的人际关系和人群交往中,个人在行为活动中所应遵循的自觉原则和标准。由于涉及面极为广阔,从政治体制和日常生活,直到个人的内心情感、信仰,它是多种学科(社会学、心理学特别是政治哲学和各种职业伦理学)所共同研究的课题。它所处理的社会生活中的人的行为和道德特性,与现代法律、政治、经济直接攸关。

以法律形式出现的现代经济政治体制的特征,是以个人为单位基础上的社会契约论思想。这当然也是极为繁复的问题,是政治哲学专门家的领域。我估计政治哲学在今后相当长的时期内会成为中国的重要显学,所有这些问题将被仔细梳理、研究,远非本文作者这种门外人所应置喙。因之，这里只能简单化地说明几点：

第一，现代社会性道德以个体（经验性的生存、利益、幸福）为单位，为主体，为基础。个体第一，群体（社会）第二。私利（个人权利，human rights）第一，公益第二。而且，所谓"社会"和"公益"也都建立在个体、私利的契约之上，从而必须有严格的限定，不致损害个体。因为社会本由个体组成，它不能也不应高于个体。相反，社会只能服从、服务于个体（生存、利益、幸福）。但各个个体并不相同，生存、利益、兴趣和所追求的幸福、快乐也并不一致，于是才有契约。基于个体利益之上的人际之间的社会契约，是一切现代社会性道德从而是现代法律、政治的根本基础。

哈耶克认为利他主义只是社会生物学的本能，它源出于原始小团体的需要。现代的传统是个人为本，基本原则必须是"不能为了普遍利益而牺牲个人权利"。相反，个人权利才是具有普遍性的必然命题。个体的一切伦理义务和责任，包括牺牲自己，也只是建立在这个契约基础之上。"敬业"、"修德进业"、"忠于职守"等原具有宗教性神圣的"敬"、"德"、"忠"转化为具有同样崇高地位的现代职业伦理学的范畴。

因此，我为什么牺牲自己？从客观说，是因为我必须履行社会契约，从而最终也正是为了保卫个体原则。如服兵役因战争而牺牲，为救火而丧生，以及各种职业伦理，都属此范围。他（她）们同样是为人景仰崇拜的英雄、模范，但并不是"宗教性道德"那种在苦难中获超升的圣徒或"替天行道"的"圣王"。

从主观说，18世纪法国唯物论爱尔维修等人早充分论证过，牺牲自己也是为了自己精神上的快乐。如此等等，此处不赘。

第二，现代的社会性道德是以抽象的个人（实质的个人各各不同，其先天、后天的各种情况均各不同）和虚幻的"无负荷自我"的平等性的社会契约（实际契约常常没有这种平等）为根本基础的。它的这种类似宗教性道德所宣称或要求的所谓"普遍必然性"，只是自文艺复兴时代以来的数百年习俗历史地形成的。它的个人主义原则、自由主义原则等等现代社会性道德，也都是历史的产物。所以即使在启蒙思潮顶峰康德那里，当将这些原则变为一种普遍必然性的先验道德律令时，它也仍然只能是"使你的意志所遵循的准则永远同时能够成为一条普遍的立法原理"，"在任何情况下把人当做目的，决不只当做工具"这样一种形式主义的律令。康德形式主义伦理学的缺陷，我已在别处作了讨论。① 这里要说的只是，现代社会性道德的"普遍必然性"乃来自现代经济政治生活，并非先验或超验的原理，也不是圣人的英明或上帝的旨意。其所谓"普遍必然性"正是"客观社会性"。因此这种道德不是宗教性道德，即它不是宗教，不是信仰的对象，只是行为的理性法规。

道德从一开始本即是个体与个体、个体与群体的关系问题。在现代社会以前，经常是个人从属于群体，个体以群体生存、延续作为生活的目标和原则，并且这种社会性道德经常笼罩在宗教性道德的直接管辖或间接支配之下。前述中国宗教性道德之"三合一"，便

---

① 见拙著《批判哲学的批判》第8章。

是突出代表。现代社会以降,自启蒙主义突出了理性和个人、个人成为轴心并以之来建立这种契约性的道德以来,现代社会性道德在实际上便与宗教性道德逐渐脱钩。但脱钩至今也并不完全。在政治上,如美国总统就职需手按《圣经》宣誓(尽管这只是一种仪式);在生活中,"实质正义"(大都与传统宗教性道德有关)也经常干预形式正义和程序公正。但就整体世界进程来说,现代社会性道德毕竟逐渐占据统治地位,而且取得了法律形式的确认和支持。随着形式正义、程序第一、个人利益基础上的理性化的社会秩序在发达国家中历史性地建立和稳定,这些现代社会性道德的基本命题,随着历史经济的进程日益广泛地在全世界传布开来。尽管有各种曲折困难,以及与各种传统道德或宗教的严重冲突,但它似乎总能最终冲破各地区、种族、文化、宗教的传统框架和限定而"普遍必然",成为"现代性"的重要标记之一。今日中国也在逐渐脱去"祖宗成法"和革命神雾的各种束缚,理性作为人们追求物质生活、衣食住行等的必要工具使社会生活许多方面日益程序化、规范化和形式化。形式正义、程序第一优先于实质正义、内容第一,将成为中国走向现代化的必经之路。理论的任务是自觉明确这一点。

现代社会性道德既以个人为基本单元,所谓"个人"和"个人自由"就成了某种聚焦。

"自由"据说可以有二百种左右的不同含义。自艾赛亚·柏林区分"积极自由"(*free to*,有自由去做什么)和"消极自由"(*free from*,有自由不受某种干预)以来,"自由"的两种相关联却并不相同的特色及有关问题和困难,也更为清楚。

在我看来，所谓"*free from*"的"消极自由"是更为历史地对待"自由"。即现代社会的个人自由是逐渐从传统的各种"宗教性道德"的束缚管制下解放而取得的。所以重点突出了历史具体性，即个人为自己的利益去解除或摆脱原有约束的自由，它突出了个体的选择和"解放"。

"积极自由"则更具理想的特色。虽也包括追求从传统束缚下解放出来，但具有一定抽象性。由于重点在于表述个人能做什么的自由，这便可以与造反、革命等相联结以打破常规、法律和传统。从而，它常常反使个体自觉不自觉地或从属或服从在以各种名号的群体行为和观念中（如以自由名号的革命暴力），个人的选择自由反而被剥夺。现代历史已多次有过这种经验。我以为，在现实行程中，前者（消极自由）经常是改良性的，后者经常是革命性的；前者多是具体经验的转换性创造，后者则多有乌托邦理想的号召与向往。

依照一般常态，这两种"自由"的共同点是都必须依靠法律来保护。因之就涉及国家干预（包括政府管制）与个人自由以及国家与个人的关系等极为复杂的政治哲学问题。

国家（以法律为具体形式，以政府为执行机构）应不应该或在何种程度、范围内干预个人的自由，如经济自由、言论、结社、集会的自由以及各种伦理行为的自由（如家庭、婚姻、爱情、受教育、同性恋、堕胎、宗教信仰……等的自由），都是大有争论的问题。并且因时、空、条件的不同，也很难或不可能有完全一致的回答或规定。当然更不属本文论议之列。

但其中一个问题似乎需要在这里重复谈论。这就是自由主义所宣称的"个人自由"以及民主政制这些与现代社会性道德相关的原则,是否真"放之四海皆准"从而具有世界普遍性的问题。从历史看,即从现代社会特别是第二次世界大战以后和近十年来的所谓全球一体化的经济过程来看,如前所说,似乎已在证实着世界各个不同地域、不同种族、不同宗教、不同文化的社会都在或迟或早、或慢或快地以各自不同甚至千差万别的形态,在逐渐或急剧推行上述自由主义这些基本原则,一般首先在经济上,而后在政治和文化上。以致有人过分乐观地呼喊"历史的终结":门户开放(自由贸易)、财产私有、身份自由、权力分散、言论自由、议会民主,等等等等,是否真有如孙中山在一个世纪前所说,"世界潮流,浩浩荡荡;顺之者昌,逆之者亡",亦即自由主义所倡导的自由、平等、人权、民主和与之有关的现代社会性道德,其世界普遍性正在实现。

但自由主义所强调的这种"普遍性",即使在理论上,仍然有一些重要疑难并没很好解说。

Ⅱ 自由主义的问题

第一,这种个人自由的"普遍(必然)性"来自何处?何以可能?一般是一种先验的回答或逻辑的假定,如"天赋人权"说、"神意说"(与原罪说,与《圣经》最后审判人人平等有关)、人性说、理性说,以及包括 j. rawl 的"原初状态"、"无知之幕"等等理论。哈耶克等人则是"经验传统"说,即"个人自由"非人为设计，乃传统演化，逐渐形成。康德等人的先验说的非历史性，似为人所公认。哈耶克的经验说，则并未说明这传统实际来自近数百年的现代社会，并非人类社会一开始就存有。资本社会以前，例如中国社会，这种个人自由的经验传统并不存在，从而它的所谓"普遍性"的依据及缘由，仍然是理论上并未有证明的非历史性的假设。

在这个问题上，我仍然接受马克思的"经济决定论"的讲法，以为这"缘由"和依据是现代经济基础即日益社会化的工业大生产化的产物。尽管文化传统（如马克思·韦伯所说的新教伦理）曾经有过重要作用，但它之所以可能在世界范围内铺开、扩展，主要仍然是由于经济的变迁。只有在社会稳定、人民生活日趋温饱的现代工业生产社会的基础上，并必须发展到一定水平或阶段，接受自由主义的可能性才最大。中国目前便是如此，而以前并不然。其他地区也如此，如伊斯兰许多地区。没有物质基础即社会存在本体的根本改变，便很难健康成长这种自由主义的"普遍必然性"。自由主义、个人主义并不是某种天生的人性或先验的原则。

第二，这个"普遍性"有没有限制？能"普遍"到何种范围、何种程度？能"普遍"到作为某种情感信仰、人生准则，要求人人内心服从笃信而履行的原则吗？有自由主义或自由主义者共同信奉的宗教吗？并没有。这也就是上面讲过的，这种现代社会性道德本身不能也不应成为强加的宗教性道德。它只是一种公共理性（*public reason*），而不是与非理性可能相牵连的私人意识（*private consciousness*）。它只是要求人们共同遵奉的"公德"，而非涉及个人追求安身立命、终极关怀的"私德"。否则，便恰好与自由主义原则相矛盾。自由主义强调个人选择的权利，特别是有关个体私人事务，有关信仰、情感、性爱、婚姻、嗜好、兴趣、思想、学说等等方面，"不强加于人"是基本原则。无论是以国家、政府、社会、团体、舆论、宗教的名义都不可以。这正是"自由"（free from）的要义所在。自由主义应容许反自由主义的其他主义、信仰、思想、学说发表和发展的权利，当然也有抗拒它们的权利。政治家、政府、法律一般不能干预。当这种个人奉行、宣传、信仰的"私德"危害到"公德"需要政府干预时，政府干预到何种程度，这个"度"如何掌握，那就是专门的政治学所应讨论的具体问题了。

第三，也是最重要的，当代自由主义在北美、西欧的充分发展似乎走向了它的反面。这有许多情况、许多现象和问题。例如，一个具体事例是个人应否积极参与政治的问题。自由主义的惯例是，各人可自由选择。参与或不参与，这是个人自由。但其实际结果却是大多数人认为"事不关己，高高挂起"，相当消极或不参与，总统、议员选举投票率经常相当之低，人民大众的政治冷淡，便为有各种利益集团支持的"有心"人所操纵，带来的可以是对大多数人的不利。倡导个人自由的自由主义似乎反而使大多数人可能在政治上处于无能为力的不自由状态。如自由主义提倡"新闻自由"，结果成了人们被媒体控制的不自由。自由主义提倡多元、多样，结果变成了一元化、同质化。自由主义提倡启蒙，结果竟成了愚民。自由主义提倡理性，结果理性成了反理性的有效工具。自由主义倡导的个体自主，结果变成了个体全面被异化，被商品化，成了对个人从心灵到生活的枷锁和奴役。在物质生活方面，由不干预即放纵的经济自由贸易，使贫富分化厉害，加强了经济控制下的寡头话语权以及由于种族、性别、文化、宗教对经济自由的适应能力不一而增大了社会生活的紧张和冲突。不问实质，只求形式公正使弱势群体或个体处于不利境地。在文化—精神领域，以个人为本位为中心日益原子化的社会，带来的是人情淡薄、人际冷漠、心理躁动、精神空虚。在衣食基本无忧的情况下，人生无目的、世界无意义，即人生意义、生活价值没有着落，分外突出。吸毒、暴力和性放纵在个人自由保护下可以泛滥成灾。而在全球一体化的行程（这将是一个相当漫长的时期）中，各个国家和各个社会群体如何能协调、处理其不同利益，个体如何能理想地作为普遍性的"世界公民"和现实地作为特殊性的国家公民，其间的矛盾、差异和冲突，等等，便是尚待解决的法哲学、政治哲学的难题。自由主义的当今行程显露出它的弱点和缺陷。于是出现了各种宗教复兴，以及哲学理论上的社群主义（communitarianism）。

社群主义驳斥并反对以个人为本体单位的自由主义，强调社会（群体）优先。查尔斯·泰勒强调，任何个人不能脱离社会，社会之外不可能有真正的个人，所以自由主义认为个人权利优先并无哲学基础。alasdair macIntyre 认为，个人享有的权利是以某种具体的社会规则和社会条件为前提的。而这些特定的规则和条件只存在于特定的历史时期和特定的社会环境，它们决不是人类的普遍性，不是人类社会从来就有的，也不是社会生活所必需的。的确，客观事实也展示，如果彻底斩断经验传统中的人际关系去追求所谓纯粹个体，恰恰可以成为走向屈从于"集体"、"同志"、"组织"的桥梁。这一点也已为历史验证。可见，非历史的自由主义不可能成为一种理想的价值，它也不是一种历史的或现实的状况。哈耶克也指出个人主义只能是"方法论上"的，因为无论历史上和现实中都没有那种纯粹的或原子式的"个人"、"自我"或"自由"。

从理论上说，社群主义确有一定道理，因为自由主义倡导的个体（权利）第一，如本书作者所一再说明，本就是一种非历史的假定。但是，关键在于，不能抽象地谈论理论。在中国，如果按照实用理性，就应该从中国的历史和现状出发。而从这一角度看，自由主义比社群主义在今天中国有更大的合理性。后者虽理论上振振有词，在中国的客观现实中，却容易成为倒退的依据：再度抹杀个人，重回过去年代。社群主义重新将善恶的价值问题提到首位，反对程序优先，强调实质正义，抨击"自己选择"即个人自由的理性主张，强调传统、文化对自我形成和个体行为的价值和意义，从根本上否认有普遍性即普世性的道德律，从而各国家各民族各文化应尊重、继续其各自的道德，与自己的传统、历史、文化相衔接。如前所述，现代社会以前的传统道德，例如中国的传统道德，是宗教性道德与社会性道德混同融合，而以前者作为标尺来规范人的行为和内心。尽管换上革命新装，仍然是在善恶实质标尺和绝对性、神圣性的"宗教性道德"的大旗下，把亿万个体的利益、权利甚至生命统统牺牲埋葬掉。这在中国是殷鉴不远，年老一代都有切肤之痛的。在理论上，《共产党宣言》便未能真正回答当时人们因质疑而提出的人性懒惰即"利己"问题，社会主义国家甚至福利国家的历史实践也证实这一问题确乎存在。经验似乎说明，只有自由主义的个人主义、自由竞争反而使社会较快发展，而众多个体亦因而受益。早在二百年前，康德便以密林高且直之例来肯定个人竞争。经济上如此，政治、文化上也如此。

总而言之，关于整体与个人，"我仍然持历史的看法。我以为，人是从'个人为整体而存在'，发展而成为'整体为个体而存在'的。强调后者而否定前者是非历史的，强调前者而否定后者是反历史的"。① 自由主义偏重"整体为个人而存在"，甚至以之为先验原理（如"天赋人权"说），是非历史的；社群主义偏重"个体为整体而存在"，在今日中国则可以是反现代化潮流，从而是"反历史的"（在西方则不是）。

那么，如何办？

---

① 见《南方文坛》2000 年第 1 期拙答问文。

第三节　西体中用

I 善恶与对错分家

如所再三说明,虽然我不同意从"天赋人权"到"无知之幕"等等自由主义的基础理论,却仍然赞成自由主义所提出或提倡的以个人为本位的现代道德及法律,并强调在中国巫史传统[①]下要特别重视建立这种道德。从而主张首先要作出两种道德的区别,也就是作

[①] 参见拙著三联版《历史本体论·己卯五说》一书中《说巫史传统》、《说巫史传统补》二文。

出"善恶"与"对错"的区分,这就是政治—文化领域中具体的"西体中用"。

所谓"对错"与"善恶"的分家,亦即权利(对错)与价值(善恶)、社会性道德与宗教性道德的分家。孟子的"是非之心,人皆有之"在这里应一分为二。"人皆有之"的"对错"之心,与法律、政治紧相联结;"人皆有之"的"善恶"之心,则与宗教、文化、传统相联结。它们之所以"人皆有之",都是经验变先验而已。由于巫史传统的一个世界和神人同质,不像西方政(政府的行政、立法、司法)教(基督教会)分离且历史悠久,使今天区分"宗教、政治、伦理三合一",不仅必要,而且艰难。即使在理论上也如此。这里,我非常愿意引用罗尔斯《政治自由主义》一书中的"重叠共识"(*overlap consensus*)理论作为支援,将"对错"与"善恶"、将政治哲学与伦理学分别开来。我以为,罗尔斯这一理论正合适于我前述的两种道德的区分。即将现代世界各社会、各地域、各国家、各文化中人们基本的行为规范、生活准则,与各种传统的宗教、"主义"所宣扬的教义、信仰、情感、伦理区分开,割断它们的历史的或理论的因果联系。例如不必将现代社会所要求的自由、人权、民主一定退溯或归功于基督教或希腊文化之类,而明确认为它们只是现代人际关系中共同遵行的政治、法律原则(政治哲学)。它们要解决的是"对错"问题,权利、义务诸问题,实际乃是现代经济生活(西体)的产物,所以才有世界性的客观社会性。其普遍性"必然性"来自我所谓的工具本体,而并非来自"天赋人权"或基督教义。至于各民族各地区各文化所讲求的传统伦理学，实乃宗教性道德。宗教性道德要求普世性，却恰恰没有普世性，因为它涉及"善恶"问题，各宗教各文化对善、恶有不同的教义和观念。关于善恶的起源、形态等等，各种教义可以大相径庭。各种宗教战争和冲突从古至今不曾断绝。"现代社会性道德"不必要与这种追求普世性的宗教伦理，甚至不必要与追求普世性的"天赋人权"等自由主义陈旧哲学相联系。它的客观上的普世性，来自世界经济生活的趋同或一体化。罗尔斯将今日的政治伦理与传统的宗教、文化、信仰脱钩的"重叠共识"为何可能或来自何处，似并未详说。我则遵循前章"经济决定论"思路（按：指《历史本体论》第1章），认为它来自世界经济生活趋向。这一趋同包括食衣住行、医疗、工作、交通、娱乐、信息等等物质生活，从而精神生活中的个体自觉、个性解放、个人独立等等便不可避免。自由主义和现代"社会性道德"所要求的只是个人履行现代生活的最低限度的义务、遵行最低限度的公共规范和准则，如履行契约、爱护公物、恪守秩序、遵循各种职业道德、服义务兵役、不侵犯他人等等。违反它们，可以涉及也可以不涉及法律，但由于破坏共同生活秩序，有损他人权益，从而是"不道德的"。这里基本上是个"对错"问题，不是"善恶"问题。错了便于理有亏，于心有愧，而并不一定就是恶人恶性。它着重处理的只涉及调整人们行为的客观规则、权益、界限、利害、冲突，既与个体的灵魂拯救、终极关怀、安身立命无关，也与中国传统教导的"父慈子孝，兄友弟恭"、基督教《圣经》

"打你左脸送上右脸"无关。**"对、错"与"善、恶"的分开和脱钩**,也就是使政治、法律所处理的日常生活与宗教、意识形态、文化传统所处理的精神世界有一定的分工和疏离,从而使后者既不过分干预前者,也使个体对后者具有更大的选择自由。当然,也包括允许某些人选择这种现代社会性公德作为自己的信仰、意识形态或宗教性私德的自由。但不能由这一部分人去强加给其他人。这样,二者便可以各行其是,各自发挥其优长,而不致相互干扰,弄成一团,剪不断,理还乱。

既然经济生活的时代发展是现代社会性道德和自由主义政法的真实基础,如上所述,没有这种经济生活的社会便不容易成长自由主义道德原则;在已有这种经济生活的社会,便并不必要从理论上输入西方的基督教义的"原罪"观念或希腊文化的个体公民,也不需要硬从中国传统中去寻找"幽暗意识",或民主、个人传统(如从孟子到李卓吾、黄宗羲等等)来作为资源和依据。与其从传统(不管是外来传统或本土传统)寻找支撑,不如重视二者的矛盾和冲突,及时作出合适的协调。协调的逻辑(理论)前提,不是去"求同"(不管是去寻找本土传统资源还是搬外来基督教义与自由主义之同),而是去"别异",即明确"对错"与"善恶"有别。不应从后者不管是儒家的性善论或基督教的性恶论来建立、构造或干扰前者的法律制定和道德裁决。这也就是我多年强调的两种道德分家的基本原则。作为现代社会性道德体现的法律精神和观念信仰,不应涉及人性善恶、人生意义、终极价值之类的宗教性课题。现代社会性道德不应以任何教义、"主义"为依据，只是宣告保证每个个体有在不违反公共基本生活规范下去选择、追求信仰任何一种价值、意义、主义、教条的自由，亦即个体在现代社会生活中的基本权利。

但是两者又真能一刀两断、彻底分割吗？"善恶"的价值观念对人们行为的"对错"准则难道就真的没有关联、作用和影响？

当然不是。

例如美国的堕胎问题。即使在强调人权、实现现代社会性道德已有两百年的环境里，传统的宗教性道德仍然强有力地干扰堕胎的合法性。以《圣经》的名义确认胎儿即人，堕胎即杀人的逻辑顺理成章，它在实践中形成了强大的公众反堕胎运动，要求修改允许堕胎实现妇女人权和个体自由的法律条款。在中国，因为没有这种文化心理，因之也就不会有这种公众性的强大势力和运动。但是，也有许多传统文化心理，例如"不孝有三，无后为大"的儒家思想，在阻挠着有关现代社会性道德包括妇女人权的实现，如弃、溺女婴，同工不同酬，以及强调社会、家庭的"稳定"优先于个体自由等等。

可见，刚才讲到的两种道德的区分，"善恶"与"对错"的分家，也只是一种"理想型"的理论构建。在实际运行和现实生活中，两者的相互影响、渗透和难以分割，又是非常突出的。正因为这样，强调这种区分和分家，也才有重要的意义。但更要看到，它是一桩艰难而漫长的工作。特别是历史经验说明，具有根深蒂固传统的宗教性道德，可以以原教旨主义或强势意识形态等形式，与一定社会、集团的实际力量相结合，常常蛊惑、控制或发动某种"群众运动"，使很不容易争取得来的个人自由一夜之间便"改变颜色"，踪迹全无。从而，注意两者的复杂关系，并根据具体情况作具体分析，其中特别是掌握"度"的艺术，便更显重要。

　　这两种道德的一个重要不同点，也可以说与"情—理"问题有关。现代社会性道德主要是一种理性规定，宗教性道德则无论中外，都与有一定情感紧相联系的信仰、观念相关，如基督教的圣爱、原罪感、对上帝的无比敬畏崇拜、赎救的追求等等，中国则与亲子情、家族情、乡土情等等伦常感情相关。现代社会性道德以理性的、有条件的、相互报偿的个人权利为基础，传统的宗教性道德则经常以情感的、无条件的、非互相报偿的责任义务为特征。人不是机器，在现实中即使循理而行，按社会性道德的公共理性规范而生存和生活，但毕竟有各种情感渗透、影响于其中，**人和人际关系不可能纯理性，而总具有情感的方面**。两种道德的纠缠渗透，于群体、于个人，都是非常自然甚至必然的事情。把它们相区分，是为了对实践有利所作的"理想型"的理论分类，特别是针对今日中国处在传统社会向现代社会的转型期而言。但区分之后的联系、关系，又仍然是理论和实践中特别重要的事情。我所强调的是，只有先区分，而后才好讲联系。这种联系，也就是我已提出过的"宗教性道德"（私德）对"社会性道德"（公德）可以有"范导"而非"建构"的作用。

Ⅱ "天地国亲师"

前述美国总统必须手按《圣经》而宣誓，展现着虽政教分离已久，宗教和教会无权干预政治，但个人在履行现代"社会性道德"时，仍可具有某种宗教献身精神和情感。关于基督教的伦理道德与现代自由主义以及社会性公德的讨论和文献已汗牛充栋，非本文所能涉及。我所注意的问题只是，强调两种道德区分之后，中国传统的宗教性道德即以儒家学说为主干，以"天地国亲师"（1911年改"君"为"国"）①为代表符号的情感、信仰、观念对现代社会性道德，对今日和今后中国人的行为规范能否或有否作用或影响，它们之间可以是或"应该是"何种关系。

问题异常复杂，需要伦理学家们的专门论著。这里仍然只能作些简单化的"哲学视角"的表述。

首先一个似乎有趣的问题是：西方基督教所宣讲的情感，由于上帝、圣爱相关，爱人是由上帝的旨意、命令而来，即使在这一"人情"中，理性成分仍然很重。希伯来和希腊的自然环境均非常艰苦，最高情感指向对全知全能的上帝的神秘敬畏和崇拜，神人绝不同质，两个世界区分清楚。这个世界的规则（包括自然界的自然律）都是上帝所赐而由理智去把握。至于上帝本身则是超乎这个世界，也非理智或理性所能认识或把握的本体。从

---

① 它可追溯到荀子"上事天，下事地，尊先祖而隆君师，是礼之三本也"（《荀子·礼论》）。

而人的情感一方面是理性化的，另方面则又是非理性和反理性的。二者既可同时并存，又可分途发展。再由于希腊—罗马奴隶制的充分发展，一方面理性主宰、支配情感；斗兽场上人兽相搏，基督教的观众也可以无动于衷，兴高采烈，没有丝毫"恻隐之心，"这是由于理性认定奴隶非自由民即非人之故？另方面，情感又可以完全越出理性纵欲狂欢，"行同禽兽"。尼采歌颂的酒神精神的原始生命力量影响至今。理性与情感在西方文化中都有充分的发展空间。其中的情理结构和心理状态，值得很好研究。中国文化似乎与此有所不同。也许由于黄河长江流域地理环境优越，定居农业非常之早且久，畜牧业也不特别发达，人工按时作息努力耕作即可收取明显可见的巨大成果，从而那种对命运不可抗拒从而对上天的极度畏惧并不强烈存在。相反，由于祖先崇拜始终作为主干，使神人同质，两难分离。情感和理性均停留和发展在人际关系之中，十分重视历史经验。自然界也与人际混同一气，并不分离。更由于不同于奴隶制的中国氏族社会的悠长传统，使以亲子为核心的血缘宗亲关系和世间情感成了主轴。不是因为上帝叫你爱人而如此履行道德行为，而是亲子自然生物感情的提升和扩展而爱人（"老吾老以及人之老"，"迩之事父，远之事君"）。理性在这里不是主宰情感，而是渗透在情感之中。动物性的本能既没有让其有充分展露，又未受理性的绝对抑制，即既不纵欲，也不禁欲，而是让它们在理性的渗透、控制下发展为一整套细腻、多样的人情形态。理性与情欲没有分家，常常交融混同，合二而一。甚至在日常语言中，情理也总连在一起作为标准，以判断人的行为、活动，如合情合理、合乎情理、心安理得，等等。它（情理的统一和谐）既是认识论（实用理性）也是伦理学（巫史传统）的准则。在情理结构上，在处理情感、欲望、理知、认识上，中国传统与西方基督教传统形成的文化心理差异，使来自西方但以现代经济生活为依据的现代社会性道德落脚中国，会发生一些新的问题。

八十多年前（1922年），作为留美学生的冯友兰曾在读梁漱溟《东西文化及其哲学》一书后写信给梁，其中说："东方之长在能阐明物我一体之理，有精神之大我以笼罩一切个体，而其弊在抑制欲望冲动。西洋在满足欲望、冲动，而其弊在只知有个体而不知有大我，人与人之间只有外的关系而无内的关系。此不但科学如此说，即耶教亦如此说也。（耶教人与人、人与上帝皆无内的关系）今若设一说，一方阐明一切欲念、情感皆善，即大我所希冀亦不过一切人之欲念之和，故今日之务而是满足欲望，不过因为我一体之故。故满足欲望时不专为自己一人打算耳。"①

这个中西比较当然粗糙、简单，但仍然很有意思。例如说西方无"内"的关系，②"不知有大我"等等。而注意到西方对情、欲、理的处理大有差异，是自现代中国人接触西方文明便一直感受到（不一定理解）的问题。偏重中国传统的梁漱溟的主要著作，《东西

---

① 《学人》，第4辑，第4页，江苏人民出版社，1993年版。
② 有趣的是七十余年后几乎同样的说法："在自由主义的社会中，虽然我们尊重别人的权利，但除此之外，人与人之间也就没有什么内在关系。"石元康《自由与社会统一：德我肯论社群》，《第四届美国文学与思想研讨会论文选集：哲学篇》，第31页，台北，1995年版。

文化及其哲学》、《中国文化要义》如此，通晓西方文化的金岳霖也如此。① 其他一些人也有大同小异、详略不同的类似论述。我以为这一点颇为重要，并将这种不同归结为神人异质（有超验主宰从而"两个世界"）和同质（"一个世界"）：以为后者来源为缺乏人格神上帝观念的"巫史传统"。那么，中国这种来自巫史传统而以儒家为主干的宗教性道德与现代社会性道德，亦即传统的"天地君（国）亲师"的情感、观念和信仰，在现代生活的社会性道德中会起和应起什么作用，占什么地位，便似乎是这一问题（两种道德的关系）的要点所在。

冯友兰等人仍然希望将两种道德合一，将"满足个体欲望"的现代要求（实即个人本位的自由主义）作为中国传统"物我一体"的"精神大我"（亦即"天地国亲师"）的基础，而仍以后者"笼罩"前者，成为"内的关系"，而忽视了这两者的重大差异和根本矛盾。这倒可说与后来所谓"科学的人生观"（胡适的"科学的人生观"和共产主义的革命道德）一脉相通。后者使本应是价值中性的自由主义的人权、民主等社会性道德，从"五四"以来具有了非中性的反传统的人生使命感，使它们成了现代先进人士选定的"宗教性道德"，仍然是两种道德混而不分。这一过程无可厚非，其结果却可以造成灾难。但是，中国这一传统和宗教性道德却可以在与现代社会性道德作出区分之后，对后者起某种"范导"作用。由于与重生命本身的根本观念直接攸关，亲子情（父慈子孝）不仅具有巩

---

① 参阅金岳霖《论道》。

固社会结构（由家及国）的作用，而且在文化心理上也培育了人情至上（非圣爱至上）的特征。我认为它就可以在现代社会性道德中起某种润滑、引导作用。将个人基础上的理性原则予以适度"软化"，即以"情"来润"理"。"亲"如此，"天"、"地"、"国"、"师"亦然。"天"、"地"既可以是自然界，也可以是一切神灵的代称；"国"是故土、乡里、"祖国"，它是亲情的扩展、伸延和放大。"天"、"地"作为超越有限的个体（以及人群、人类）而又生长、培育、养息个体、人群和人类的根由，对其培育感恩、崇敬、崇拜和亲近、亲密的情感。这正是一种中国的宗教性的道德感情，而与西方有所不同。西方因为由圣爱和理性而来，从"耶教"到康德，"敬畏"成了道德的主要情感。中国因为由亲子、乡土自然感情的提升而来，合理性的人间情爱，如"仁义"、"合情合理"便成了中国传统的道德感情。今天如除去其产生时代的各种具体内容，这种传统的"仁义"感情和"天地国亲师"的信仰，对今日现代生活仍然可以有引导、示范但非规定、建构的作用。例如，"五四"以来、历经革命以及"文革"，传统礼俗早已一扫而空，但即使如此，在对欧美已为习惯的子呼父名，仍感格格难入；对长辈仍自然持有一种扶助、尊敬的态度，赡养父母，"常回家去看看"，仍然是一种相当自然的道德态度和义务感情。它不应该建构或规定现代经济生活（如家族用人）、政治生活（如论资排辈），即它不能规定个体独立的契约基础上的社会性道德，却可以作为个体心安理得甚至安身立命的私人道德。它是与情感紧相联系的宗教性道德，也只是凭由个人选择的私德，而不是必须共同奉行的公德。

也许其中少数一些，如儿女赡养父母之类的道德义务可以用法律形式作为公共理性即现代社会性公德，而不同于西方。但绝大多数却只能是个人自己的选择和决定。例如，爱父母或爱子女应高于（优先于）还是低于（次于）爱上帝？爱父母优先还是爱子女优先？等等，便都不能由社会性公德来规定。因此哪一些私德（宗教性道德）可以因范导而进入规定公德（社会性道德），哪一些不可以，便是需要进一步研讨的问题。例如儒家"不患寡而患不均，不患贫而患不安"，道家"剖斗折衡，而民不争"等等，是否可以作为左派自由主义或社会民主主义的经济主张的传统资源，由私德进入公德，即进入我在《告别革命》顺序论中所说个人自由基础上的"社会正义"问题呢？此外，再又如教育学方面，除遵守秩序服从纪律外，重视礼仪的训练培育，以陶情冶性感受人生；又如，在处理争端的某些情况下，重视和谐效果可能优先于判定是非正义，凡此种种，当由政治学、经济学、法律学、社会学、教育学、心理学等来研究，仍然不是讨论最一般原则和只作提示的本文所能论及。

"天地国亲师"中的"师"似乎需要单独说一下。"师者，所以传道，授业，解惑也"（韩愈）。"传"什么"道"，"授"什么"业"，"解"什么"惑"？我以为，从中国传统来说，这指的是历史的经验教训。经验的历史主义不仅是中国实用理性的特性，而且也是中国整个文化的特征。"师"的真实意义就在这里。对历史，包括对历史人物、历史事件、历史经验教训的认识、理解和情感，从甲骨、金文的记述到诗词歌赋中的大量怀古、咏史，就都在这个"师"

的范围之内。培育对历史经验教训无可否认的**绝对性情感**，正是摒弃各种相对主义的重要方式。它是值得倡导的宗教性私德内容之一。从现代史说，例如培育对纳粹和日本人大屠杀的历史事件的绝对性的伦理感情（憎恶），这里涉及"善恶"，而并不涉及言论自由，即可以容许有人去否认、论辩这些历史事件的有无（这里涉及的是"对错"）。这样，便使**关注于"对、错"的社会性功德受到情感上关注"善、恶"的宗教性私德的影响**。这也就是"范导"。有这种与情感、信仰相联结的宗教性道德，对现代社会性道德不仅大有帮助，而且甚至成为社会健康存在和发展的某种重要条件。由政府、国家去强迫人民接受、信奉某种即使是正确的、"进步的"学说、思想、主义、宗教、艺术、科学，违反了社会性公德的形式正义，从而是错误的。但国家或政府却可以倾向于支持、倡导某些有关培育宗教性私德的学说、思想、主张、观念。这里，政府"倾向于支持"是哪一种私德和支持的"度"，便是关键所在，它可以随时随地而颇不相同。这又是政治学所应讨论的政治艺术问题。总之，如《己卯五说·说儒法互用》所描述，中国古代儒家曾以情感关系融入注重形式平等一致的法家体制中，说明"儒法互用"在今日尽管有根本不同古代"儒法互用"后，儒家宗教性道德主宰了社会性道德，今日恰恰要排除这种主宰，但在情感上"天""地"（自然界或神灵）"国"（乡里、故土）"亲"（父母亲、祖父母、祖先、亲戚、朋友）"师"（老师、历史经验和事件）仍然可以作用于现实生活，并协助建立起当今迫切需要的中国的现代社会性道德，使两种道德混淆无序、杂乱并陈的状况逐渐改变，重构两种道德分途而又协作的新的

"礼义之邦"（但不是作乌托邦式的具体理想或筹划）。"周虽旧邦，其命维新"，即此之谓。

"历史本体论"如同"无知之幕"、"原始状态"一样，都是一种理论的假设。后者为自由主义的个人权利的绝对性有关"对、错"的社会性道德假设，前者为群体的历史优先性作有关"善、恶"的宗教性道德的假设。历史本体论提出"天地国亲师"作为自己伦理学的具体范导理想（它只是社会理想，而不是理想社会），以重人情的儒家和中国传统为基地，希望对在一体化的现实世俗生活不可逃避、即必然带来现代社会性道德极大扩展延伸的未来时日里，提供某种意见和建议。

摘自《历史本体论》

关于情本体

(2004)

一　心、性为本还是情为本

I 道德律令与理性凝聚

情本体是人类学历史本体论所讲中国传统作为乐感文化的核心。

所谓"本体"不是康德所说与现象界相区别的 *noumenon*，而只是"本根"、"根本"、"最后实在"的意思。所谓"情本体"，是以"情"为人生的最终实在、根本。但很少有人从哲学上这么说，因之第一个问题便是，讲"情本体"还算不算"哲学"？

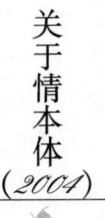

从西文哲学史看，自苏格拉底、柏拉图、亚里士多德到康德、黑格尔为顶峰，理性特别是知性思辨作为获取真理的途径，一直成为哲学主要课题。亚里士多德界定人是理性的动物，中世纪通由逻辑论证上帝的存在。到近代，理性成为启蒙的话语，事物的准绳。情感一般视为属于文学艺术和宗教，虽然某些哲学家如休谟也强调论说过情感，但始终未成为哲学的主题。到克尔凯郭尔等存在主义兴起后有所改变，但仍然是情感被化为理性抽象来作本体论说。

在中国，先秦孔孟和郭店竹简原典儒学则对"情"有理论话语和哲学关切。"逝者如斯乎"、"汝安乎"（孔子）、"道由情出"（郭店）、"恻隐之心"（孟子），都将"情"作为某种根本或出发点。此"情"是情感，也是情境。它们作为人间关系和人生活动的具体状态，被儒家认为是人道甚至天道之所生发。但是，秦汉之后，儒学变迁，情性分裂，性善情恶成为专制帝国统治子民的正统论断。宋明以降，"存天理灭人欲"更以道德律令的绝对形态贬斥情欲。直到明中叶以及清末康（有为）谭（嗣同）和五四运动，才有自然人性论对情欲的高度肯定和昂扬，却仍然缺乏哲学论证。其后，它又很快被革命中的修养理论和现代新儒家的道德形而上学从实践上和理论上再次压倒。

这几句十分简略的历史回溯，是想指出，如同西方一样，自原典儒学之后，"情"在中国哲学也无地位。20世纪50年代著名的张、牟、徐、唐四人文化宣言便明确声称："心性之学乃中国文化的神髓所在。"牟宗三更多次申言："中国人生命的学问的中心就是心和性，因此可称为心性之学。"① 牟的代表著作《心体与性体》，如同冯友兰的《新理学》一样，都是运用西方哲学的理性框架和逻辑范畴，以理性或道德为人生根本，构建哲学体系，基本上没有"情"的位置。

但是"心性之学"真是中国文化或中国哲学的"神髓"吗？哲学必须以理性或道德作为人的最高实在或本体特性吗？一些没有系统受过西方哲学训练而对中国传统深有领会的现代学人并不赞同。梁漱溟说，"周孔教化自亦不出于理知，而以情感为其根本"，"孔子学派以敦勉孝弟和一切仁厚肫挚之情为其最大特色"。② 钱穆说，"宋儒说心统性情，毋宁可以说，在全部人生中，中国儒学思想则更着重此心之情感部分"，③ "知情意三者之间，实以情为主"。④ 但是无论梁或钱，对此未有更多说明，大都一带而过。从而，中国心性之学的道德理性传统一直被视作此际人生以至无限宇宙的本体。牟宗三的"道德秩序即宇宙秩序"的哲学是一个相当完备的版本。

因此，在话说情本体之前，得先谈论一下这个以心、性、道德为本体的中西方传统哲学。

所谓心、性为本，实际即是以道德为本。在康德那里，优先于思辨理性的实践理性是道德实践。它以绝对命令的先验形式主

---

① 《中国哲学的特质》，第87页，台北，学生书局，1963年版。
② 梁漱溟：《中国文化要义》，第119页，学林出版社，1987年版。
③ 钱穆：《孔子与论语》，第198页，台北，联经出版公司。
④ 钱穆：《论语要略》。

宰人的行为、活动，使人成为人。即是说，人之所以为人，有赖于它，所以它高于认识的理论理性，是"本体"（*noumenon*）所在。

在现代哲学中，摩尔指出 good 是一种非认知所能分析，有如黄色一样被直接感知的客观性质。黑尔从日常语言分析也指出，伦理、道德的词汇语句是用以要求、命令、规范人们的行为活动的，与认识的陈述命题根本不同。这些都说明伦理道德与规范、组织、要求、命令人的行为活动相关，而与知识、认识迥然有别。这方面，中外古今论著已如汗牛充栋，毋庸多说。

以心性道德为本体有其一定道理。其中，我始终认为，仍是康德作了最为准确的把握。他所把握的是伦理道德的人类心理特征，即人之所以为人在于行动实践中的自觉意志。他集中论证了这一特征，而不像幸福论、功利主义等从外在的情况、经验、目的、要求、利益等等来论证。我曾多次这样解释康德，这里再抄一段旧作：

> 近代哲学从康德起，伦理道德被认为是人所以为人（人的本体）之所在。它高于认识论所对应和处理的现象界。从而，这个崇高的"伦理本体"，作为我所谓的"文化心理结构"中的"自由意志"，究竟是什么，便应是伦理学的重要问题。

> 我以为，作为人类伦理行为的主要形式的"自由意志"，其基本特征在于：人意识到自己个体性的感性生存与群体社会性的理性要求处在尖锐的矛盾冲突之中，个体最终自觉牺牲一己

的利益、权力、幸福以至生存和生命，以服从某种群体（家庭、氏族、国家、民族、阶级、集团、宗教、文化等等）的要求、义务、指令或利益。可见，第一，它是个体自觉意识的行动、作为和态度。动物也有为群体生存而牺牲个体的事例，但不可能有这种自觉的理性"意志"。第二，由于它常常是相悖于个体生存的利益或快乐，因而是不顾因果利害而如此行为动作的。由于它不屈服于利害因果的现象世界，所以说它是"自由"意志。动物自然也没有这种"自由"的意志。这里的关键在于，人的这种"自由意志"本身具有崇高价值，它为人类对自己和对他人（包括对后人）培育具有文化内涵的普遍性的心理形式，使人获得不同于动物界的社会性生存。这就是所谓高于现象界的"伦理本体"。

《批判》曾举儿童教育中的"勿"（勿贪吃、勿贪玩等）为例指出，社会对个体行为的伦理要求，是从小起便培育用理性的自觉意识来主宰、控制、支配自己，这就是中国人讲的"学做人"（learn to be human）。从孔老夫子讲"克己复礼"、"立于礼"，直到今天许多中国人教训儿女，都是这个意思，都是指出：人（human being）并不只是一个生物体而已；要成为一个人，必须有内在的自觉的理性品德。概括到哲学上，这也就是塑造作为"伦理本体"的"人性"心理，也就是我所讲的"内在自然人化"、"软件"中的"自由意志"。可见，这"自由意志"不在天理，而在人心。此"心"又并非神秘的感召、先验的理性或天赐的良知，而是经历史（就人类说）和教育（就个体说）所形成的文化心理积淀。康德的重要贡献就在于，他把人的伦理行为这一理性主宰的特征，以"绝对命令"（categorical imperative）的崇高话语表达出来，并以之为超越因果现象界的先验的普遍立法原则。于是，伦理话语有如神的旨意，即使无理可说也必须绝对服从。有了它，人便无所畏惧，也无所希冀，处变不惊，一往无前，"富贵不能淫，贫贱不能移，威武不能屈"。据说康德讲伦理学时，曾使听众落泪。正由于他非常准确地揭示了这一人之所以为人即具有"自由意志"的伟大庄严，表明这个"伦理本体"的地位远在任何个体的感性幸福、快乐以及任何功绩、事业之上。只有宇宙本身能与之相比："位我上者，灿烂星空；道德律令，在我心中。"①

康德的重大贡献，例如不同于休谟，就在于他以绝对律令的先验形式突出了理性主宰、统治、支配人的感性作为、活动、欲望、本能这一道德行为的特征。《批判》说：

在康德看来，生命价值和目的不在享受了什么（幸福），而在于做了什么（道德），在于他恰恰可以不作自然锁链的一环。……只有这种服从道德律令的人，才是能有超感性（即自由）能力的自然存在物。②

这也就是中国传统所强调的"人禽（'自然存在物'）之分"。从历史本体论来看，这个所谓道德特征、自觉意志和心理形式是人

---

① 《己卯五说·说天人新义》。
② 《批判哲学的批判》，第10章第7节。

类经长期历史由文化积淀而成的"理性的凝聚"。"理性凝聚"不同于"理性内构",它不是理解、知性、逻辑、思想,而是一种由理知参入的确认,即执著于某种观念或规则。它与知性认识的理性内构同属于人的文化心理结构即人性能力,而具有独立的自身价值。康德形式主义伦理学的伟大意义就在于,它深刻而准确地揭示了这个作为人性能力的心理形式所具有的超功利、超历史的"先验"独立性格。康德所高扬的不计利害、超越因果(现象界)的伦理道德的绝对性,其实质正是高扬这个"理性凝聚"的人性能力。这种能力对人类生存延续具有根本的价值,它不依附更不低于任何外在的功过利害、成败荣辱,而可以与宇宙自然对峙并美,"直与日月争光可也"。当然,康德这里的所谓"先验"实际上仍然是通由人类长期历史的经验而来。这个对人类来说的"理性凝聚"的普遍必然的人性能力或心理形式,仍然是长久历史的各种变易着的具体伦理法规、道德律令所积淀而形成。就中国说,孔子和儒家的由"礼"(人文)归"仁"(人性),便显示着这个由文化("礼")而积淀为人性("仁")的转换完成。虽其形态表现为"仁"先"礼"后,[①]似乎"仁"(心理结构)是根本。这与康德实践理性的先验优位似乎相近,其实并不相同。

Ⅱ 宋明理学追求超验的失败

孔子《论语》中答"问仁"时,总是随具体人物具体情境作出

[①] "礼后乎?启予者商也,始可与言诗也矣"(《论语·八佾第三》)。参阅拙作《论语今读》3.8)。

各种不同的回答，并未空悬一个先验理性的绝对律令作为主宰。宋明理学在佛学影响下却对这种理性主宰作了本体性的极力追求，对世间秩序的超越本源、对行为规范中的礼教信仰作了哲学上的理性探寻，这极大地从思辨上提升了中国思想。宋明理学努力论证伦理道德之所以不能和不应抗拒，是因为它有超乎人（个体和集体）和超乎经验的依据和理由。这就是"天理"或"良知"。宋儒在"性"中分出"义理之性"和"气质之性"，在"心"中分出"道心"和"人心"。前者是道德律令、伦常原则，后者是情感经验、自然欲求。道德伦理的特征就在于区分出"天理"与"人欲"、"义理"与"气质"、"道心"和"人心"，强调必须以前者管辖、统领、主宰后者。我在《论语今读》以小程、朱熹对"仁"与"孝弟"的关系论说，说明他们与原典儒学有严重矛盾。这个矛盾便是究竟"孝弟"是"仁"之"本"，还是"仁"是"孝弟"之"本"？根据先秦原典，"孝弟"是"仁"之本，《论语》说得极明白："孝弟也者，其为仁（人）之本欤？"① 但是小程和朱熹却硬把它们颠倒了过来："论性，则仁为孝弟之本"，"（程）子曰：爱出于情，仁则性"，② "盖孝弟是仁之事，爱出于情，仁出于性；谓之行仁之本则可，谓之是仁之本则不可。盖仁是性，孝弟是用也。性中只有仁义礼智四者，几曾有孝弟来。"③ 朱熹说，"仁是孝弟之本"，"盖仁，性也。性只是理

---

① 《论语·学而第一》。
② 《二程集》，第180页，中华书局。
③ 《二程集》，第183页。

而已"。① 谢上蔡干脆直说"孝弟,非仁也"。②

为什么？因为孝弟或"爱"都是具体的经验的"事"、"物",是日常情感,属于"情"的范畴；而作为它的"本体"、"根源"便应该是不但区别于而且也超越于这情感经验的"理"。所以朱熹称"仁"为"爱之理",③ 认为"爱是恻隐,恻隐是情,其理则谓之仁"。④ 就是说,仁是性,不是情,它是普遍必然、超越经验的本体即"天理"。朱熹说"理不可见",不能是任何具体的、偶在的、"可见"的世间经验和情感现象。从而,"情"与"性"不能混同,不能"指情为性",⑤ "仁是性,恻隐是情",所以"恻隐"非"仁",⑥ 情感经验"现象"不是"不可见"的理—性的超越"本体"。前者必须以后者为依据、为根由,才可能具有其普遍必然的崇高特质。

可见,与原典儒学如孟子"仁之实,事亲是也；义之实,从兄是也"由抽象走向具体相反,宋明理学则由具体的情境、情感走向抽象的理性"本体"。前者以具体为"实",后者相反。我在《中国古代思想史论》一书中曾论证朱熹最近康德。朱熹的"性"、"理"有如康德那抽象而绝对的先验律令。但是,也如《史论》所认为,在康德那里,这作为先验的绝对律令与经验世界毫无干系,本体和

---

① 《朱子语类》,卷2。
② 《朱子语类》,卷2。
③ 《朱子语类》,卷2。
④ 《朱子语类》,卷2。
⑤ 《朱子语类》,卷2。
⑥ 《朱子语类》,卷2。

现象界可以截然两分。而在程、朱，由于中国久长的巫史传统，很难产生经验先验、本体现象截然二分的观念。"理"虽然是"天理"，但这"天理"又总与作为自然物质的经验生存混同在一起。宋明理学一方面强调"理为本"、"理在先"、"理为主"，另方面又强调"理在气中"、"离气不能言理"、"人欲中自有天理"，并经常以各种自然景物如季候、生物、生理等等经验现象来作比拟和解释。这使得他们这个不同于"气"的"理"、不同于"情"的"性"，不仅没有摆脱而且还深深渗透了经验世界的许多特色和功能，所以，我以为宋明理学对超验或先验的理性本体即所谓"天理"、"道心"虽然作了极力追求，但在根本上是失败的。他们所极力追求的超验、绝对、普遍必然的"理"、"心"、"性"，仍然离不开经验的、相对的、具体的"情"、"气"、"欲"。他们曾慨叹说，"仁字难说，论语一部只是说与门弟子求仁之方"，"故凡孔子之所言者，皆求仁之方也。"① 《论语》的确只讲"求仁之方"，② 所以说"孝弟"（情）是"仁"之本；宋明理学追求超越"求仁之方"的"仁"的理性"本体"，将"仁"当做"理"、"性"、"道心"，与"爱"、"情"、"人心（欲）"区别甚至割裂、对立起来，于是只好一再承认"难说"了。1982年拙作《宋明理学片论》一文强调了这个问题。今再引述

---

① 延年、龟山。转引自陈来《论宋代道学话语的形成和转变》，《中国学术》，总第8辑。

② "孔子讲仁讲礼，都非常具体。这里很少有'什么是'（what is）的问题，所问特别是所答（孔子回答）总是如何做（how to do）"（《论语今读·前言》），"这也就是苏格拉底、柏拉图的逻辑性、普遍性、实体性（what is）与孔老夫子的实用性、特殊性、功能性（how to do）之区分所在。"《论语今读》（11.21）

如下：

康德把理性与认识、本体与现象作了截然分割，实践理性（伦理行为）只是一种"绝对命令"和"义务"，与任何现象世界的情感、观念以及因果、时空均毫不相干，这样就比较彻底地保证了它那超经验的本体地位。中国的实用理性则不然，它素来不去割断本体与现象，而是从现象中求本体，即世间而超世间，它一向强调"天人合一，万物同体"；"体用一源"、"体用无间"。康德的"绝对命令"是不可解释、无所由来（否则即坠入因果律的现象界了）的先验的纯粹形式，理学的"天命之谓性"（"理"）却是与人的感性存在、心理情感息息相通的。……在宋明理学中，感性的自然界与理性伦常的本体界不但没有分割，反而彼此渗透吻合一致了。"天"和"人"在这里都不只具有理性的一面，而且具有情感的一面。程门高足谢良佐用"桃仁"、"杏仁"（果核喻生长意）来解释"仁"，周敦颐庭前草不除以见天意，被理学家传为佳话。"万物静观皆自得，四时佳兴与人同"；"等闲识得春风面，万紫千红总是春"……是理学家们的著名诗句。

尽管心学强调"心"不是知觉的心，不是感性的心，而是纯道德本体意义上的超越的心。但是它又总要用"生生不已"、"不安不忍"、"恻然"等等来描述它，表达它，规定它（包括牟宗三也如此）。而所谓"生生"、"不安不忍"、"恻然"等等，难道不正是具有情感和感知经验在内吗？尽管如何强调它非心理而为形上，如何不是感性，尽管论说得如何玄妙超脱，但真正按实说来，离开了感性、心理，所谓"不安不忍"、"恻然"等等，又可能是什么呢？从孔子起，儒学的特征和关键正在于它建筑在心理情感原则上。王阳明所谓《大学》古本，强调应用"亲民"来替代朱熹着力的"新民"，也如此。但这样一来，这个所谓道德本体实际上便不容否定地包含有感性的性质、含义、内容和因素了。

像"仁"这个理学根本范畴，既被认作是"性"、"理"、"道心"，同时又被认为具有自然生长发展等感性因素或内容。包括"天"、"心"等范畴也都如此：既是理性的，又是感性的；既是超自然的，又是自然的；既是先验理性的，又是现实经验的。……本体具有了二重性。这样一种矛盾，便蕴藏着对整个理学破坏爆裂的潜在可能。①

该文论述了这个内在矛盾的"破坏爆裂"，即它逻辑地导致"心不离身"、"即情即性"、"情性皆体"的王门后学，而指向了自然人性论，宣告了古典宋明理学的终结。我多年申说这一论断，但一直为学人完全忽视。我至今认为，尽管体现了古典士大夫追求现世秩序的超越根源及其宗教情怀，但宋明理学追求超验（或先验）理性的失败，仍然是中国思想史上最值得深入探究的重大课题之一。它涉及如何了解中国文化和哲学。当然，我只是提出问题，还需要大量的专门研究。但这表明，历史本体论从根本上不赞同承续宋明理学的现代新儒家，不赞同以"心性之学"

---

① 《中国古代思想史论》，第236、237、262、241页，人民出版社，1985年版。

来作为中国文化的"神髓"。当然，历史本体论也不苟同于自然人性论，而主张回复到"道生于情"的原典传统，重新阐释以情本体为核心的中国乐感文化。

宋明理学追求超验之所以失败，如前所说，是因为不可能根本摆脱"巫史传统"中"内圣外王"等基本观念，它关注的核心仍在世间人际开万世太平，而非超验天国的灵魂安息。它虽想为世间人际的伦常政治秩序寻求一个超世间人际的根由，但由于没有超验世界或天国上帝的哲学—宗教的心理（包括意识层和无意识层）背景，作为"性"、"心"、"理"的"仁"便始终不可能等同于康德那与经验无关的实践理性和绝对律令。特别从情感—信仰的角度说，更是如此。中国上古各种原典均不同于《圣经》，它缺少对耶和华、耶稣的那种有别于人间情感的畏和爱。从而，宋明儒学以充满人际世间的"孝弟"和"恻隐之心"来填入"天理"、"性"、"心"，便不可能真正超出这个世间。这里呈现出人际世间的伦常情感能否和如何转换为超世间的宗教信仰和宗教情感的问题。宗教强调由神而人，"巫史传统"则由人而神。① 二者文化积淀的情理结构有别，正是使宋明理学追求超验理性失败的根本原因。这在下节"什么样的情"中当再论说。

Ⅲ 道德的人是"最终目的"

作为"理性凝聚"的道德律令既然是人之所以为人的根本所在，

---

① 参阅拙作《己卯五说·说巫史传统》。

那么，道德、伦理便是人（人生、生活）的最后目的和最高境地吗？康德第三批判的《目的论判断》最后以"文化—道德的人"作为自然向人生成的最终目的，便是如此。康德说，"善的意志是人的存在所能独有的绝对价值，只有与它联系，世界的存在才有一最后目的"[①]；"换句话说，服从道德律令的理性存在者的现实存在，才能看做是世界存在的最终目的"[②]。牟宗三的道德形而上学以"宇宙秩序即道德秩序"，也是如此，也是以伦理道德作为自然、世界和人（人性、人生和生活）的最终意义、价值和目的。

道德秩序超越经验情感而普遍必然，人应该在经验世界中服从、履行，以之统领、管辖、主宰自己的行为、活动，并由之生发出道德情感。这道德感情，就如康德所说，不是同情、怜悯或爱，不是什么"恻隐之心"，而只是"敬重"。同情、怜悯、爱或"恻隐之心"都与动物本能性的苦乐感受有直接或间接的关联，"敬重"却是一种与动物本能毫无关联而为人类所特有的情感。这是一种由理性（即经理知确认）出发而产生的情感。"敬重这种道德感情的特点便根本不是快乐；相反，它还带着少量的痛苦，包含着强制性的不快。因为它必须把人们的各种自私、自负压抑下去，在道德律令之前自惭形面秽。另一方面又因为看到那个神圣的道德律令耸然高出于自己和自己的自然天性之上，产生一种惊叹赞羡的感情，同时由于能够强制自己，抑制利己、自

---

① 《判断力批判》，第86页。
② 同上书，第87页。

私、自爱、自负而屈从道德律令，就会感到自己也同样高出尘表而有一种自豪。一方面压抑各种自私、利己感情产生出不快、痛苦，同时又因之而感到自豪、高尚，这样两种消极、积极相反相成的心理因素，康德认为，便构成了道德感情的特征。它不是自然好恶，而是有意识的理性感情。"①

这种"敬重"的道德情感在某些宗教神学那里，非常接近以至可以吻合于对神的敬畏情感。当然也仍有区别。康德也清楚地知道伦理道德和道德感情还不能等同于宗教和宗教感情。伦理道德（伦理是以社会规范说，道德是从个体自觉说）毕竟是有关世间人际的，尽管可以是"超验"、"天理"，总还不即是"天"、"神"本身。尽管可以将它与灿烂星空媲美，但毕竟还不是那创造了灿烂星空的上帝。

从这里，康德走向了道德的神学，提出上帝作为人类保证自己道德行为的主观信仰，才是人的最高企望和目的。康德说"上帝并非在我之外的存在，而只是在我之内的一种思想。上帝是自我立法的道德实践理性"，②"道德不可避免地走向宗教，通过它扩展自己为一个在人类之外的有力量的道德立法者的理念，因为它的意志便是最终目的，这同时是和应当是人的最终目的"。③

由于没有宗教传统和"上帝"背景，中国的乐感文化和承续它

---

① 《批判哲学的批判》，第8章第6节。
② 《遗著》。
③ 《理性限度内的宗教·序言》，第1版，均引自《批判哲学的批判》第9章第2节。关于文化—道德的人是自然的最终目的，参阅该书第10章。

的历史本体论便并不以道德—宗教作为人的最高目的和人生最高境地。如前《己卯五说·说天人新义》所认为：

> 人类学历史本体论和中国"乐感"的儒学传统，由于"一个人生"的背景，本体即在现象中，并由此现象而建立。没有超越的上帝或先验的理性，有的只是这个"人类总体"，它是现象，又是本体。从而"绝对律令"等等作为文化心理结构，必须与特定时空条件下的经验"现象界"相联系相贯通，并由之塑造、积淀而来。

这即是"人类学历史本体论"与中国传统儒学相融会而成的"自然人化"理论，它追求"极高明而道中庸"。即第一，它将康德的理性绝对主义视作人类伦理本体的建造，并具体化为文化心理结构的塑建。这"心理"并非经验科学的实证研究，仍是哲学假定。第二，它将中国儒学的"仁"的情感性注入这一伦理本体，使"先验"理性具有经验性的操作可能。"实用理性"，亦此之谓。

"实用理性"在提出之初，本作"实践理性"（1980年拙作《孔子再评价》一文）。据康德晚年著作《逻辑》一书，实践的认识之不同于理论的认识（a cognition is called practical as opposed to theorical），在于它包含着命令—行动。如：康德所说，理论认识不要求行动（acting），其对象只是存在（being）。而所有实践认识，其最终形态和目的是道德行为。所以康德的伦理学也就是《实践理性批判》。这也就是上面提到过的康德认为自然的目的是文化—道德的人。由于历史本体论不以道德—宗教作为归宿点，而强调归宿在人的感性的"自由感受"中，从而它便不止步于"理性凝聚"的伦理道德，而认为包容它又超越它"理性融化"或称"理性积淀（狭义）"，才是人的本体所在。即是说人的"本体"不是理性而是情理交融的感性。这正是当年弃"实践理性"（practical reason）而用"实用理性"（pragmatic reason）一词的重要原因。尽管从自然说，出现文化—道德的人是由自然而超出自然，但作为人，却不能停留在这超自然的目标和境地中。你、我、他（她）仍然是感性自然的存在物，所谓"最终目的"仍然要回到这个感性生命中来。

如前所说，康德将"人之所以为人"即区别于其他动物族类，归结为伦理道德，因以之为"本体"所在，这在确立人性上，远优于任何经验主义。但由之也就将此"本体"和"最终目的"（在宋明理学和现代新儒家，这也就是"天理"、"良知"、"性体"、"心体"）作为绝对律令而君临一切，使这个世界的一切感性屈从、臣服其下。以伦理作为人的最高目的和最高境地，经常使人为神役，与"人为物役"相对应，都造成人的异化。①

如果说，达尔文说明了人由动物而来却仍是一动物族类，那么，弗洛伊德也说明了人的心理的这同一特征。弗洛伊德以"本我"（id）、"超我"（superego）和"自我"（ego）等概念描绘了人类文化心理形式中社会理性压抑、主宰动物本能的理欲关系。

---

① 参阅拙文《康德哲学与建立主体性提纲》。

这种压抑和主宰即弗洛伊德所说的"现实原则",它虽使人作为社会成员而存活和延续,但那被压抑被主宰的动物本能欲求又仍然不可能消失,而经常在睡梦中、艺术中和其他"脱轨"行动中不断冲出。"理性的凝聚"并不能取代和控制一切。人的生存、生活、生命价值和人生意义也不是理性秩序和伦理道德所能全部等同。所以一方面,如考茨基①或丁文江②以及今天的社会生物学认为群居动物也有伦理道德,与人无别,完全面视和贬低作为理性凝聚的自由意志这一人所特有的文化心理结构,是片面的。另一方面,如卡尔·马克思或牟宗三,认为这种理性凝聚的道德自觉便是人的最高目的和最高境地,以之为"本体",忽视和贬低人的动物感性情欲的正当和重要,也是片面的。

历史本体论认为这里的关键是"情理结构"问题。即情(欲)与理是以何种方式、比例、关系、韵律而相关联、渗透、交叉、重叠着。从而,如何使这"情理结构"取得一最好的比例形式和结构秩序,成了乐感文化注意的焦点。乐感文化反对"道德秩序即宇宙秩序",反对以伦常道德作为人的生存的最高境地,反对理性统治一切,主张回到感性存在的真实的人。人不是神。你、我、他(她)也是动物。你、我、他(她)是神(理)与动物(欲)的结合统一。问题就在于这是结合而不是同一或分裂。分裂或同一将造成人的身心痛苦。这就是"以人为本"的乐感文化的根本含义。它不是自然人性

---

① 卡尔·考茨基:《唯物主义历史观》,第1卷,第3篇,第9章。
② 参阅《科学与人生观》一书丁文江文。

论的欲（动物）本体，也不是道德形而上学的理（神）本体，而是情（人）本体。

从历史上看，伦理道德作为"本体"，作为人的根本和"最终实在"是由于道德律令、伦理规范经常以宗教形态出现，对道德情感的敬重与对神的敬畏情感便经常浑然一体。从康德由道德律令引向宗教信仰的论证中可以看到，由道德情感的"敬重"引向宗教情感的"敬畏"，二者混同合一，是轻而易举的。各种宗教正是通过仪式、典礼种种有组织的群体活动，将伦理道德的规则浸泡在炽热的神圣的情感信仰中，产生出巨大的行动力量，使之成为人生的最终目标和生活归宿。宗教特别是宗教情感常常就这样成了道德心理的某种泉源。《历史本体论》说：

> 社会性的伦理道德语言之所以常常要以神圣或神秘的言说来宣讲出现，就是因为只有以这种形式的言说才拥有使渺小的个体所不能抵抗、无可争辩、无法阻挡的力量而被认同、服从和履行，使它成为个体自觉意识的人生意义、生活价值、安身立命、终极关怀之所在。……经验性的社会道德内容以先验的宗教性道德的形式出现，便能产生这样巨大的功能和效果。在这里，道德与宗教、道德情感与宗教情感便基本上是同一的了。这也就是我所说的社会性道德变为宗教性道德或二者合而为一。

二 什么样的情

Ⅰ 亚伯拉罕的杀子与中国的孝—仁

如上所说，道德伦理虽以理性凝聚的心理形式即以理性认知主宰情欲来决定行为，却仍然需要某种情感信仰来支持。西方中世纪以来，基督教义是伦理道德的重要基石，中国由于宗教、伦理、政治三合一，① 儒家学说既是理知观念，又具信仰—情感功能。从而这

---

① 详见拙作《论语今读》、《己卯五说》、《历史本体论》。

种"情"被当做与"本体"相关。

但是，这是什么样的"情"呢？"情"有许多种类。中国古代讲"喜怒哀惧爱恶欲"等所谓"七情"。其中，无论中西，"情"与"爱"经常联系在一起，是"情"的一种基本形态。而情（爱）又明显与人的身体存在即人作为生物体的基本需要、欲望、本能有直接间接的联系和关系。上面已讲，由于长期的社会历史，人的"情"并不等同动物的欲，情（爱）经常成为某种理欲交错而组成的复杂多样的心理状态或情理结构。"理"以社会秩序正当性出现，中国原典儒学说"始发于情，终近于义"，"发乎情止乎礼义"。梁漱溟征引《礼记》"夫礼者，因人之情而为节文，称情而立文。……（礼）非从天降也，非从地出也，人情而已矣"。① 有如梁所加重点，作为理性秩序的"礼"是"人情"的外在规范的仪文表现。"礼"、"义"的根本在于内心的人情，而非外在的天地神灵。也就是说"礼"不以超越或先验的"心"、"性"为"本"为"体"，而是以普普通通、百姓日用而不知的人际感情为"本"为"体"。《论语今读》指出，《论语》一书多次出现的基本概念如诚、敬、庄、慈、忠、信、恕等等，无一不与具体的情感心理状态有关，并非抽象的"心"、"性"的理性概念。

问题在于，原典儒学所宣讲的这个作为"礼"的来源和根本的"因人之情"的"情"，主要是什么样的"情"？

孟子和后儒都着重说明，与墨子讲的"博爱"的"情"相区

---

① 《梁漱溟全集》，第7卷，第463页，重点原有。

别，儒家的"情"是以有生理血缘关系的亲子情为基础的。它以"亲子"为中心，由近及远、由亲至疏地辐射开来，一直到"民吾同胞，物吾与焉"的"仁民爱物"，即亲子情可以扩展成为对芸芸众生以及宇宙万物的广大博爱。儒家认为有男女、夫妇才有父子，有父子之后才有君臣以及兄弟和朋友，但儒家既不以男女、夫妇，也不以天地、神灵，而始终抓住"亲子"这一环作为核心或根本。这即是上节所讲的"孝—仁"。

对比同样注意家庭和教育的犹太教，对比同样大讲情爱的基督教，这个核心是相当显著的。《圣经·旧约》中亚伯拉罕杀子的著名故事，是犹太教、基督教和伊斯兰教所共同遵奉的神圣教义，可在此作一比较。

亚伯拉罕遵循上帝命令，决心杀子献祭（杀戮最珍贵最亲爱的人以供奉上帝，是许多原始宗教常有的神圣礼仪），虽然最后一刹那得到上帝赦免，但那决心杀子所引发的内心苦痛和恐惧、惶惑、战栗之情，有如克尔凯郭尔所精心描述，是极为惨厉深重的。与此激情或可比较且更强烈的是《圣经·新约》耶稣上十字架的受虐。不管是为赎众生犯罪的博爱，还是为众生还债以平息上帝的震怒，不管是代替论（*substitionary theory*）还是示范论（*exemplary theory*）的神学解说，"十字架上的真理"是必需经受苦难获取拯救（复活），背负苦痛来赢得不朽（永生），其特征也是以身心极度受虐痛苦和血淋淋的死亡来惊魂动魄、震撼人心。犹太教、基督教以及伊斯兰教在建构人类心理上，都突出地呈现了情理结构中理性绝对主宰的特质：突出这种信仰—情感与任何生物本能、自然情欲无关，纯粹由理知确认，并坚持、执著某个由知性确定的对象、原则、观念或规则。在这里，理性（知性的特定观念）不仅绝对地主宰着感性，而且是在自然感性万分痛苦的受虐、挣扎和牺牲中来确立自己的权威，即对上帝的信仰和服从，以斩断恋生之情或诀别人世亲情，来奉行神的旨意。这里所产生出的特定情感，可以看做是康德所讲实践理性的道德感情的人格圣化。基督教讲"圣爱"高于理性，具体落实在情感上，便正是以纯粹理性的绝对主宰（由知性确认的自觉意志）为根本特征。这是一种以极度理性凝聚来彻底、全面、干净地舍弃、压倒和征服自然情欲和世间一切其他感情。它所突出的是彻底洗涤人间情欲特别是自然生理情欲（这经常被认为是一切罪行、丑恶的渊薮）而带来的精神欢悦。这种以理性凝聚的意志力量来决裂、斩绝人世情欲，历经身心的惨重冲突和苦难，却仍然永无休止地对上帝的激越情爱，可以造成心理上最大的动荡感、超越感、净化感和神圣感。它虽万分痛苦却可大获欢欣，虽惨酷折磨却可深感超越，对比人际世间的种种污秽丑恶以及人世情感的琐细繁杂，显得分外崇高和圣洁。

从亚伯拉罕杀子，到耶稣上十字架，以及到伊斯兰为真主而圣战，都是不惜与自己这个有限肉体的生存和人间世际的欢乐相决裂，在行为中展示这个崇高圣洁的情感—信仰，而与神相联结。似乎只有这样，才能超出自己的"本然"状态，并使人认识到自然状态在价值上的根本缺失。所以，在根本上人所以爱和所以能爱都不由于人自己，更与人的自然情欲无关，它是因为上帝命令人如此。此爱非来自世间，它来自实乃理性的"圣爱"，从而它远远高出于任何世间人际的关系、律令、规则，所以也才能无远弗届。这才是真理、道路和生命。从而，真正的爱完全不能起因于或归结为任何世间人际的某种原因，更不能是动物性的血缘亲情所能生发。

如前所说，与此相反，儒家所倡导的伦常道德和人际感情却都与群居动物的自然本能有关：夫妻之于性爱，亲子、兄弟之有血缘，朋友之与群居社交本性。从而儒家的情爱可说是由动物本能情欲即自然情感所提升（社会化）的理性情感。虽然最初阶段（无论是原始民族或儿童教育）都有理性的强制和主宰，但最终却是以理性融化在感性中为特色，与始终以理性（实际是知性特定观念）绝对主宰控制有所不同。中国文化传统对经由内心情理分裂、灵肉受虐、惨厉苦痛即由理性在残酷冲突中绝对主宰感性而取得净化升华，是比较陌生的。二十余年前我说，中国人崇拜的菩萨或肃穆庄严或慈眉善目，甚或威猛狰狞，但都不会是血淋淋的上十字架。① 上面所说宋明理学追求超验的失败，正是因为在情理结构上有这个非常重要的传统文化心理的根源。以亲子为核心、以"尽伦"为指归的宋明理学，以及现代新儒学对宋明理学的宗教性的尽力发掘，事实上仍然很难与犹太—基督教所塑建的理性主义的"情理结构"相比拟。儒学宗教性的种种劝善惩恶、自我反省如功过格之类，比许多基督教义和实践，相形之下，差距甚远。

这种不同，在哲学上，也许可看做是实在论（以上帝为本的

---

① 参阅拙著《走我自己的路·中国思想史杂谈》等文。

普遍性）与唯名论（以世俗生活为本的特殊性）或理性主义与经验主义的不同。后者肯定人的动物生存，将社会性所要求的"理"渗入"欲"，将动物族类的自然本能转换性地提升，创造为理性化的伦常关系和伦常感情，强调理渗透情、情理协调、"合情合理"和人际温暖。前者以无条件的理性命令即上帝的爱为起点和来源，轻视甚至要求斩断以生物性为基础的人间关系和世俗情感，以取得精神纯净、拯救灵魂。一个强调情（欲）理交融，一个重视情（欲）理差别。对"人活着"这一基本事实，一个采取肯定并着重这个肉体存在以及由此产生的关系即现实人伦，因而活的意义（"为什么活"）的根本也即在此世间人际之中。一个采取轻视甚至否弃肉身存在和由此产生的关系即现实人伦，因而活的意义的根本是在另个世界的彼岸天国。前者尽管也有以社会理性来斩绝人伦情爱的事例，如儒家宣讲的"大义灭亲"、"郭巨埋儿"之类，但它们不但世俗的条件性、相对性极强，而且也远非核心观念。在原典儒学中，孟子倡导的是舜负父出奔即"孝"大于"忠"，亲情高于王位甚至律法。鲁迅则痛斥"郭巨埋儿"之类违背人情，毫不道德。即使在所谓"亲不亲，阶级分"用极端的政治理性来宰割家庭的"文化大革命"中，毕竟只能通行在极短时间的二三年内，远远不能被长久地和普遍地接受。这种以理性全面压倒情感对中国人的支配力量相对地薄弱稀淡。相反，"常回家去看看"倒不断为人们所提及和倡导。以生理血缘基础的"孝—仁"为核心的伦常情感（包括民间经常以血缘"兄弟"名号为结拜、生死之交）仍然长期影响着中国人。这可能就是犹太教（唐、宋传入）、基督教（明末传入）等理性绝对主宰情感的根本教义较难被中国人彻底接受的心理原因。

耶稣的名言："不要与恶人作对。有人打你的右脸，连左脸也转过来由他打"，"爱你们的仇敌，为逼迫你们的人祈福"。[①] 孔子的名言："何以报德？以直报怨，以德报德。"[②] 两相对照，前者舍弃日常经验，显示服从上帝意志的理性力量。后者则以生存的合理性来作衡量和决定，经验情感的实用精神十分突出。这也正是中国实用理性和乐感文化之不可分割，与西方思辨理性与实践理性可以分开之不同。鲁迅说，陀思妥耶夫斯基不仅从清白里拷问出罪恶，而且从罪恶里也拷问出清白。即是说最优秀最高尚的人，心中也有黑暗和罪恶；而十恶不赦的罪犯凶徒，心灵中也有纯洁、高尚和温柔。陀思妥耶夫斯基在帝俄特定时代环境里所叙说描绘的种种，经常被人搬用为普遍原则。也就是说最好的人也有恶（包括原罪），最坏的人也有善，在灵魂拷问中，大家同样是上帝面前的罪人，无分彼此，因此应爱敌如己，普救众生。对重经验合理性的实用理性来说，这便是善恶不分，好坏同样。这样，也就可以一面作恶，一面讲爱；一面流泪，一面杀人（如宋武帝）。这对实用理性和乐感文化的中国人，便较难接受。

《旧约》讲畏，《新约》讲爱。尽管"畏"与"爱"可以有各

---

① 《新约·马太福音》，第5章，第39、44节。
② 《论语·宪问十四》。

种比例、节奏的组接构造,从而产生形形色色的不同教义、教派、仪式和种种不同而复杂的情理结构,但大体都仍是以理对情(欲)的绝对压倒,即情(畏、爱)出于理,由神而人。中国则讲"道出于情"、以情为本,即使宋明理学大讲"存天理灭人欲",也仍然承认"人欲"的地位,甚至认为"天理即在人欲中"。至于嘲笑、反对宋明理学的人,如袁枚则干脆说:"从古忠臣孝子,但知有情,不知有名。为国家者,情之大者也;恋黎倩者,情之小者也。情如雷如云,弥天塞地,怒不可遏,故不畏诛,不畏贬,不畏人訾议,一意孤行,然后可以犯天下之大难……"① 袁枚公开把道德伦常不建在"理"(即袁枚所谓的"名",亦即"名教"、礼教)而建立在"情"上,以此世的情爱来作为可"弥天塞地"的道德意志所由起。这可以算作现代"自然人性论"的启蒙先声。

关于"自然人性论",我在《中国近代思想史论》中已经讲过。这里表明的只是,历史本体论提出"情本体",虽并不同于自然人性论,却仍然承续着这一启蒙。乐感文化以情为体,是强调人的感性生命、生活、生存,从而人的自然情欲不可毁弃、不应贬低。虽然承认并强调"理性凝聚"的道德伦理,但反对以它和它的圣化形态(宗教)来全面压服或取代人的情欲和感性生命,认为重要的是应研究"理"与"欲"在不同生活方面所具有或应有的各个不同的比例、关系、节奏和配置,即各种不同形态的人性情理结构,亦即以"儒学四期"的"情欲论"来取代"儒学三期"的"心性论"。

---

① 袁枚:《小仓山房续文集》,卷30。

Ⅱ "未知死,焉知生"与"未知生,焉知死"

从哲学上说,西方自 Plato 到康德、Hegel,理性主义以不变理式、先验道德律令和绝对精神将理性对感性的统领提到顶峰。自尼采到海德格尔等人,反理性主义又以权力意志(will to powel)、此在(desein)等等也同样使这一统领达到顶峰。前者(理性主义)较单纯地强调了理性、思维、逻辑对感性的优先和主宰,后者(反理性主义)则以理性方式更为复杂地突出了肉体生命的虚无和毁灭。所以,尽管是所谓反理性主义,却仍然是理性对自然情感的压倒和摧毁。这种反理性主义与中国乐感文化更可比量,呈现在"哲学"上,海德格尔的"未知死,焉知生"与孔老夫子的"未知生,焉知死"便可作一个对照。

海德格尔的 desein(此在)的真正含义就是去在,即意识到自己的存在而在。这个被意识到的具有时间性的有限的此在,依据海德格尔,只有排除"活在世上"、"与他人共在"而专注于"前行到那无可避免的死亡"而敞开的多种可能性中的自觉选择和自我决断,才有真正的在。在死亡作为每个个体所面临而具有的独特限定的面前,我的去在才显现"真我"、"本己"面目,它即是自己的决断和选择。所以,领会着死亡而生存,并不只是意识到自己有限时间性的存在,也不只是"真我"自觉选择的可能性,重要的是,它是站在前行到死亡中的基点上去决断客观性的明天。所以不是 his possibility 而是 its possibility。明天大于(重要)过去和现在,这才是真正展示"本己"、"真我"的此在的时时刻刻。由启蒙时代发展而来的个人主义、理性主义，最终推出了这个反理性的情感峰巅。面向死亡的个体情感是独一无二、无可替代的。你没有了，即使最"体现"你的任何事物都不会是你。最真实最珍贵的只是你这个时时刻刻的"此在"，它面向死亡而决断明天。这种"未知死，焉知生"的死亡哲学，给予人的并不是怯懦、消极或悲观，而是勇敢，悲情，奋发，冲力。它要求人对"此在"负责，面向死亡，强力前行。

当"二战"高潮期，海德格尔这一哲学曾一度被指责为对生死无所谓的虚无主义，是反对逻辑的纯情感哲学，"畏"是怯懦。这当然是巨大的误解。在1943年海德格尔发表《形而上学后记》中作了回应。兹摘抄几句如下：

"牺牲乃是为存在者而把人的本质挥霍到存在之真理的维护中，这种挥霍由于起于自由之深渊而解除了一切强制。在牺牲中发生着隐蔽的谢恩，唯有这种谢恩赏识恩典；而作为这种恩典，存在已经在思想中把自己转让给人之本质了，从而使人在与存在的关联中承担起存在之看护。"[1]

"牺牲乃是在通向对存在之恩宠的维护的进程中对存在者的告别。"[2]

"因此，牺牲不能容忍任何一种计算，通过计算，它往往只根据有用或无用而被清算，不管目标是被降低了还是被提高了。这样一

---

[1] 孙周兴译：《路标》，第361页，商务印书馆，2000年版。
[2] 同上，第362页。

种清算使牺牲之本质变得畸形。"①

"本质性的思想关注着不可计算的东西的缓慢迹象，并且在不可计算的东西中认识到不可回避的东西的无法忆及的到达。此种思想专心于存在之真理，并因此为存在之真理助力，使之在历史性的人类那里找到其处所。这种帮助不产生任何成果，因为它并不需要效应。"②

"向着根本性的畏的清晰勇气，确保着存在之经验的神秘可能性。因为，近乎作为对深渊的惊恐的根本性的畏，居住着一种畏缩。这种畏缩照亮并保护着那个人之本质的处所，在其中人才有归家之感，才持留于持存者中，……勇气在惊恐的深渊中认识到几乎未曾被涉猎过的存在的空间；从存在的证明而来，任何一个存在者才回转到它所是的和所能是的东西中。"③

如此等等。

1943年是德苏战争最为激烈紧张的生死关头，回答官方的浅薄指责，海德格尔强调"不容任何计算"即不容逻辑认知、利害考虑的一己存在者的告别、牺牲，正是把自己转让给存在，才真是维护真理、本质、存在。这是从哲学根本上给正在酣战中的德国士兵以鼓励、歌颂和"打气"，深刻地赞扬他们面对死亡那一往无前的自我选择和决断明天。海德格尔在上世纪20年代所提供的充满情感的死亡进行曲，在这个时候，便历史具体地奉

---

① 孙周兴译：《路标》，第363页。
② 同上，第363页。
③ 同上，第358—359页。

献给希特勒了。

在十年前，我曾说过海德格尔是"士兵的哲学",① 正是指它悲情满怀（知道我必然要死），一往无前（不容计算地自我选择和决断），在"先行到死亡中去"亦即在进入无中去体验存在。《历史本体论》又说：

> 对人生意义作这种"本真本己"即除去与他人共在的绝对自我的追求，实际是将这一高蹈的精神性注入原始物质冲力中。由于空洞总要被填补，又否定存在与伦理学相关，于是"先行到死亡中去"、"先行到无有关联的可能性中去"的 *desein*，可以使人在特定环境条件下，成为客观时间历史中某种反理性实践的一往无前的冲锋士兵，以作为面临这无底深渊的现实出路。

近偶读到一本书，其中说到"在第二次世界大战的各大战场上，盟军在打扫战场时经常可以从德军士兵的尸体上发现海德格尔的头像以及他的《存在哲学》（引者按：应为《存在与时间》），这些纳粹士兵或许最能理解海德格尔的向死的哲学"。② 我上述哲学抽象判断竟有如此巧合史实，颇出意料，为之愕然不已。

---

① 《哲学探寻录》。《明报月刊》1994 年第 7 期。
② 刘国柱：《希特勒与知识分子》，第 319 页，北京，时事出版社，2000 年版。此材料未注明出处，应属可靠。此足见当日德国知识分子对海德格尔的迷恋。也有人指出，海德格尔与日本武士道精神近似（见 graham pakes 文，C. Macam 编海德格尔：critical assessment）。武士道以死为生的意义和本质，不计因果利害、不想过去未来，只执著于当下的刀法，无所顾惜，无所依恋。武士道这种"念念不忘死亡"以崇死为生的要义，也终于为日本军国主义所利用。参阅拙作《己卯五说·中日文化心理比较试说初稿》。

海德格尔的"未知死，焉知生"的反理性哲学，正是以极度抽象的理性凝聚鄙弃日常生活和生存以制造激情的崇高，从而也使这种情感可以引向某种深沉的狂热。海德格尔的 *Being* 便有上帝的身影在。

但海德格尔是无神论哲学。*Being* 有"神"的阴影，却不是神。因此，如果不能依归于神，便也可以走向游戏。"未知死，焉知生"在战争时期可以是满怀激情无所计算地向前冲行；和平时期便也可以是无所计算地服药狂欢，唯当下快乐是务。由海德格尔走向后现代颇顺理成章：人生、自我均已化为碎片，便不必他求，当下人生即可永恒，此刻快乐就是上帝。从尼采、海德格尔的无神论往下一转便是今日后现代的彻底虚无主义。也如好些人所指出，这正是启蒙以来极度推崇理性的个人主义和理性主义所必然发展的结果。现代反理性主义成了理性主义的"逻辑"发展，反理性主义的哲学仍然通过抽象概念等理知逻辑方式来表达自己。动物没有什么理性或反理性，而只是非理性。人的动物性的生存以及自然情欲只是非理性，既不是理性，也不反理性。海德格尔的反理性主义是一种以标准理性形态出现的反理性的情感哲学。也正因为此，不是 Plato，也不是康德，而是海德格尔最可以恰当地与中国传统乐感文化和情本体作某种参照。这也就是上述"未知死，焉知生"与"未知生，焉知死"的比量。海德格尔"未知死，焉知生"强调要避开"与他人共在"种种"非本真本己"之后的"先行到死之中去"的独一无二的"此在"恰好相反，"未知生，焉知死"强调的是，以普通日常生活为本根实在，以细致、丰富、多样的人世冷暖为"本真本己"，以"活在世上"的个体与他人的你、我、他（她）的"共在"关系，来代替个体与 Being 或上帝的单向却孤独的"圣洁"关系。"未知生，焉知死"将"神圣"建立在这个平凡、世俗、具体的现实生活之中。这就是"道在伦常日用之中"，就是"布帛菽粟之中，自中有许多滋味，咀嚼不尽"，① 就在此平凡世俗中去窥探生存的本体、存在的奥秘。的确，面向死亡时，你会深切感受自己的独一无二、不可替代、不能再来，其实这独一无二、不可替代、不能再来也可以是"此在"的生存，尽管你总是"与他人共在"地活在世上。你的死亡是独一无二、不可代替的，你的"生"，你的每时每刻也可以是独一无二、无可替代的。

关键就在于你是否自觉意识到，死是不可避免的无定的必然，生又何尝不然？你自己的生命意义、人生价值不也就在你这时时刻刻却又稍纵即逝的自我意识的生活中吗？为什么不去把握和珍惜这个偶然性极大的生存呢？我曾一再征引纳兰性德"当时只道是寻常"：你的日常世俗生活中的种种滋味，其实并不寻常。一部《红楼梦》之所以为中国人百读不厌，也就因为它让你在那些极端琐细的衣食住行和人情世故中，在种种交往活动、人际关系、人情冷暖中，去感受那人生的哀痛、悲伤和爱恋，去领略、享受和理解人生，它可以是一点也不寻常。

死亡确乎是每个人都有的无定的必然，向死亡走去确乎是每个人都有的现在进行式。但为什么一定要时时刻刻惦记着这个必然呢？

---

① 明·张岱书信。

为什么不可以忘记它（儒、道）或即使不忘记（禅）却仍然去热情地肯定和拥抱生活呢？这不同样可以领悟到那存在的虚无吗？儒家说"存，吾顺事；殁，吾宁也"，重生安死；那么，又何必激情满怀，盲行冲动？生活不可以同样有意义吗？如《历史本体论》所说，在中国传统，"死"的意义和价值由"生"来敲定，"将死放在生的历史系列中去考察、诠释"。不是死，而是生（人活着），是唯一的衡量标准。因此死才"或重于泰山，或轻于鸿毛"。死作为"无"，又仍然是"有"。

从而，这里有不同的两种追求、两种探索和两种境界，都可臻极至。我尝以为《红楼梦》应与《卡拉玛佐夫兄弟们》对读。它们两美并峙，各领千秋。但能否取长补短、相互助益？上帝以至高无上的地位给人生以目的、生命以价值，以及作出最后审判，比起在日常世俗、平凡生活本身中去建立或追求人生目标和生命价值，似要远为顺理成章和显操胜券。但中华民族以广阔时空和延续不绝的生存事实，却又未必一定有此结论。究竟如何呢？愿提斯问，请教高人。

《论语》说："叶公问孔子于子路，子路不对。子曰：汝奚不曰，其为人也，发愤忘食，乐以忘忧，不知老之将至云尔。"拙作《论语今读》解释说：

> 子路没回答，很难回答，很难概括描述孔子。孔子自己的回答，则生动平易，短短几句话，点出一个超脱世俗的人。这人已解决"畏"的问题，忘却"老之将至"，死之快来。孔子多次讲到"乐"，称赞颜回"不改其乐"。后世阳明学派也说

"学是学此乐",此"乐"即"仁",乃人生境界,亦人格精神。……如前面篇章所再三说过,中国是"太初有为"、"太初有道(行走)",因"此道"而有"情":情况之情,情境之情,如周易所言"类万物之情"。由此客观的"情"、"境"而有主观的"情"(生活感情)、"境"(人生境界)。这就是中国"哲学"的主题脉络。……从而,情境便不止于道德,实乃超道德,这才是"天人之际"。解"为天地立心"为道德之心,强天地以道德,似崇高,实枯槁,且不及佛学禅宗矣。

"为天地立心"之"心",非道德,非认知(理性),乃审美:鸟飞鱼跃,生意盎然,其中深意存焉。……此生命哲学最终归结为"乐"的心理—生活—人生境界,"成人"、"立圣"即成此境界。①

《论语今读》在"知之者不如好之者,好之者不如乐之者"章重复这一论断说:

> 朱注甚好。"兴于诗,立于礼,成于乐"与"知之,好之,乐之"可以作为交相映对的三层次。这层次都是就心理状态而言,都在指向所谓"乐"——既是音乐,又是快乐的最高层次、最高境界。这也就是所谓"天地境界",即我称之为"悦神"的审美境界。此境界与宗教相关。因上帝存在并非认识论问题,亦不止是伦理学问题,归根究底,应为情感性的美学问题。拙著以前曾提出"审美的形而上学"、"审美的神学",均此之谓。

---

① 《论语今读》(7.19)。

孟子所说"上下与天地同流",庄子所说的"无乐之乐,是为天乐",是也。这也就是前面再三讲到的儒学的宗教性之所在,……①

原典儒学以"父母俱在,兄弟无故","仰不愧于天,俯不怍于人","得天下英才而教育之"为人生最大快乐,② 后世则有"先天下之忧而忧,后天下之乐而乐",③ 梁漱溟说,"事亲从兄之乐,如同草木之有生意"④ 等等,都是将最高最大的"乐"的宗教情怀置于这个世界的生存、生活、生命、生意之中,以构建情感本体。这也就是前面讲的由"理性的凝聚"而最终转化为"理性的融化和积淀",由"立于礼"而"成于乐",由"知之好之"而"乐之"。在这里,生命与事物、灵与肉并不两分,它们同在一个现实的世间人际中。中国的"彼苍者天"不是 heaven,它超自然又仍是自然(sky)。地亦然。它是那"厚德载物"可崇奉托付的"坤德",又是那非常具体的山水花鸟、乡土草木。从而,中国哲人总强调与自然天地、与山水花鸟、与故土家园相处在浓厚的人世情、人情味的流连依恋之中。就在这里而不必在超自然超人世中去追寻道路、生命和真理。这也即是中国人的"天地国亲师"的情感—信仰。朱熹说,"释氏说空,……不知有个实的道理,却做甚用得?譬如一渊清水,清冷澈底,看到一如无水相似。他便道此渊只是空底,不曾将手去

---

① 《论语今读》,(6.20)。
② 《孟子·告子下》。
③ 范仲淹:《岳阳楼记》。
④ 梁漱溟:《中国文化要义》,第85页。

探是冷是温，不知道有水在里面。"① 这个看法倒与 hegel 批评直接性的片面、抽象，认为将有限的特殊作为绝对，其实乃抽象的空洞相当一致。② 我以为，释家一无可说的"空"与海德格尔实际一无可说的"无定的必然"（死亡），以及"烦"、"畏"，尽管形态繁复高级，但在一定意义上，又仍然可说是某种抽象的直接性。所以，《历史本体论》主张："由海德格尔回到 hegel，但不是在社会、政治、道德上而只是从心理上回到 hegel，即回到历史，回到关系"，"回到人际世间的各种具体情境中，亦即在有巨大深度的空渊（无）基础上，来展开这个'我意识我活着'所能具有的丰富复杂的客观历史性的精细节目（有），……使它具体化落实到人世的情感中来"。海德格尔的情境、情感、"此在"仍然是理性的抽象普遍性，这里则恰好是非常具体的特殊和实在。释氏化万有为空相后，人还得活；海德格尔提出那"无定的必然"（死亡）以及"烦"、"畏"之后，人还得活；而且人总活在一定的具体的人际世间的社会情境关系之中，避开或企图甩脱这个具体实在的"有"，而去追求那空幻的"无"或激情于那"无定的必然"，在乐感文化看来，恰好是缘木求鱼。

摘自《实用理性与乐感文化》

---

① 《朱子语类》，卷126。
② 参阅黑格尔《小逻辑》第86、87页。

答问

(2006, 2007, 2008, 2009)

一、情本体、两种道德与"立命"

(2006)

I 人性能力

问:你上世纪80年代提出"情本体",90年代提出"两种道德",这二者似乎有联系?

答:"情本体"主要与"宗教性道德"有关,从而也影响到"社会性道德"的规范建立,因为我认为宗教性道德对社会性道德有

"范导"和"适当构建"的作用。但这里首先要明确"道德"与"伦理"这两个概念的含义。

问："伦理"与"道德"两词在日常生活中甚至在学术领域中，经常是混同使用，很少区别的。

答：也正因此，在开头就需明确一下二者的异同。

问：你以前曾以内外来区分"道德"与"伦理"。

答：是这样。我将"伦理"界定为外在社会对人的行为的规范和要求，从而通常指社会的秩序、制度、法制等等。黑格尔对此讲得很深刻，马克思继承了他，都认为人们的一切道德行为是一定社会历史下的产物。黑格尔讲的伦理学就是家庭、市民社会、国家等等，而不同于康德。黑格尔批评康德的道德哲学是纯形式的，缺乏现实内容，也是这个意思。

问：康德讲的道德是绝对律令、自由意志、实践理性。

答：与伦理的外在规范不同，我将道德界定为人的内在规范，即个体的行为、态度及其心理状态。我曾说过康德哲学是先验心理学的哲学，因为我以为康德哲学提出了人之所以为人的"心理形式"问题，我称之为"人性能力"或"心理形式"，或"文化心理结构"，其中便包括"道德"。①

---

① 我多年提出的"历史主义与伦理主义的二律背反"或"历史与伦理二律背反"中之"伦理主义"、"伦理"亦均可改作"道德主义"、"道德"。亦可改"历史主义"为"历史价值"、"伦理主义"为"伦理价值"或"道德价值"，似更明豁易懂。

问：这怎么说？

答："人性能力"、"心理形式"或"文化心理结构"包含认识、道德和审美三者。前二者我以前已说了不少。①

康德说，卢梭教会他尊敬普通人，康德对普通人行为中的道德意识惊异赞叹。他的实践理性就是"百姓日用而不知"，既普遍立法又法由己出、专属于人的"善良意志"（good will）。人们只要"立意这样去做"，便可以非功利，轻生死，超因果，越时空。人以此而成为人，所以道德是人的本体存在。康德称之为先验实践理性。我称之为以"理性凝聚"为特征的"人性能力"，它区别于理性内构（认识）和理性融化（审美）。我以为，从"人性能力"角度去阐说康德，才抓住了要害。

问：你的"理性的凝聚"与康德的实践理性有何同异？

答：异的是康德认为这种人性能力是先验的理性，不能从经验中得来。历史本体论则认为，这理性仍然来自经验，但它是由人类极其漫长的历史积累和沉淀（即积淀），通过文化而产生出来的人的内在情感—思想的心理形式。所以它对个体来说是先验的，对人类总体则仍由经验积淀而成。其特征则是理性对感性的行为、欲望以及生存的绝对主宰和支配。所以称之为"理性的凝聚"。它在开始阶段（如原始人群和今日儿童）都是通由外在强迫即学习、遵循某种伦理秩序、规范而后才逐渐变为内在的意识、观念和情感。从而，

---

① 如《批判》一书对认识，美学论著对审美。

这也可说是由伦理（外在的社会规范、要求、秩序、制度）而道德（内在的心理形式、自由意志），由"礼"而"仁"。人性能力由经验而先验，由传统习俗、教育而心理。

问：那么与康德的相同处呢？

答：都认为对于一时一地的经验来说，这心理形式或人性能力是先验的。所以它才能不顾任何经验环境、功利愿欲、生死恐惧而"立意"如此这般的行为活动，"富贵不能淫，贫贱不能移，威武不能屈"。这种人性能力、心理形式的形成对人类的生存、延续具有极其重大的独立价值，而超乎一时一地的时空和因果。而这也就是中国传统所说的"太上立德"。这"德"即这人性能力超乎和高出于任何事业功绩和学说著述（立功、立言）之上；它之所以如此重要和崇高，就在于它在不断树立人之所以为人的本体实在。它也就是一般所谓的道德精神。我以为，康德道德哲学之所以不是任何"最大多数的最大幸福"之类的功利主义伦理学所能比拟，就因为康德揭示的是人的道德行为的这一本体特征。它的崇高、伟大可以与天地比美："位我上者，灿烂星空；道德律令，在我心中"，是我最爱的康德名言，我自以为译得很好。

问：但《批判》一书不也赞同黑格尔对康德的批评吗？

答：正因为包括康德本人在内，都没有把这一康德称之为"绝对律令"（catagorical Imperative）的道德特征看做人性能力或心理形式，而把它与外在的伦理规范、秩序纠缠一起，混为一谈，便出现了许多脱离实际的所谓"形式主义"的弱点。

问：这如何说？

答：如前所说，伦理作为外在规范和秩序，它们是历史的产物。因时空、环境而大有不同，有很明显的相对性。我说过多次，例如原始部落有的杀老、弃老，有的却尊老、敬老，它们都决定于当时当地的经验功利（为节约食物而杀老和保存经验而敬老）。二者虽矛盾对立，但都是为了维护某一时空环境下的群体的生存延续而产生的伦理要求和行为规范，在当时当地都是道德的。伦理道德随时代社会而变易，这是黑格尔、马克思、各种功利主义、相对主义伦理学以及实证的文化人类学所再三论证说明了的。康德道德哲学在这些历史具体事例前显出它缺乏可操作性的"形式主义"。康德在认识论上非常重视经验及可操作性，在道德哲学上则相反，重视的是人之为人的理性本体的存在。批评康德这种"形式主义"的人，忽视了本体存在的首要性质。

但是另一方面，由于康德道德哲学所突出的是作为人性能力的绝对律令，又恰好处在启蒙时期的人类历史阶段，这个心理形式问题便与当时实质性的外在伦理规范和要求难以分割地纠缠在一起了。康德所提出的绝对律令的三条准则：普遍立法、人是目的、自由意志，如《批判》所指出，与他的第一批判一样，都是在为现代人和现代社会开辟道路。康德的第一批判揭示出上帝乃先验幻相，不可认识，但人们却仍然可以有普遍必然性的科学知识，因为人拥有先验理性的认识能力。康德的道德哲学也如此，它是霍布斯、卢梭以来的原子个人和社会契约理论集大成的哲学思想。即一方面摆脱基督教的神学道德论，另方面树立起同样超乎人类感性的普遍必然康德哲学证明人的认识、实践都无须依存于神，极大限度地从哲学上空前高扬了人的旗帜，宣告人从中世纪的政治、思想的神权统治下的解放。

可见，人的旗帜有这两个方面，一是具有社会时代特征的实质性的外在伦理方面，即"人是目的"不是工具，人有"自由意志"可"普遍立法"而行事。它从哲学上确立了个体的人的自由、独立、平等。这是后世迄今不断研讨发掘和批判的方面。

另方面则是我所强调的，康德所高扬的同时也是人性能力、心理形式、文化心理结构的内在道德方面。这一方面将为未来社会的人文成长提供更重要的研讨角度和方向。康德指出的是，自然情欲、性好并非恶，善恶是人的自由选择；是遵守那普遍立法的道德律令呢还是相反。这也就是我所说的人性能力的展现。所以任何人都没有借口不对自己的行为负责，而推诿于环境、条件、利害、因果。

由于两个方面的相互重叠，黑格尔以来的相对主义伦理学从社会历史角度对前一方面（实质性方面的相对性）作为形式主义加以批判，把另一方面（人性能力方面的绝对性）忽视或抹杀了。坚持绝对主义的康德追随者由于突出和辩护前一方面，对后一方面（人性能力方面）也缺乏足够的突出或重视。

在我看来，前一方面（外在伦理的实质性方面）作为普遍必然的康德的"绝对律令"落实在具体时空环境的行为或立法中，的确受着各种经验条件的制约而难以成为可操作的现实规范。

问：你不说过康德的著名四例：不自杀、不说谎、发展才智、帮助别人，具有人类普遍性吗？

答：这四例倒可说是人类任何群体所必然要求其个体成员"应当"（*ought to*）履行的伦理秩序和道德规范。因为只有遵守这些规则，才能维持和延续这个群体的生存。但即便如此，具体落实在现实的时空环境中，仍然很难"普遍必然"。为保守秘密在敌人面前说谎或自杀，并非不道德，从而它们的道德与否仍将历史具体地为"相对主义伦理学"所裁决。

问：那么康德道德哲学的实质性方面没有价值？

答：大不然。"人是目的"在这理想充分实现之前，永远有激励人们为此目标奋斗的重要作用。启蒙理想在一定时期可以作为宗教性道德而为仁人志士安身立命、服膺拥抱并为之奋斗、牺牲（例如在中国现代）。此外，如罗尔斯（John Rawls）由无知之幕确立的两条原则，既从理论上概括了罗斯福新政以来的经验，又是从康德而来。它有一种"人是目的"的理想气质。它一举战胜流行多年的"最大多数的最大幸福"的功利主义经验论，并不偶然。"最大多数的最大幸福"眼中就没有"少数"，而"少数"也是人，"人是目的"再次显出了它的理想性的力量。经过几个世纪，康德这一"律令"已逐渐通由法律和外在伦理秩序成了现代社会性道德。

问：但是，黑格尔、马克思、今日的社群主义者以及施米特、列奥·施特劳斯等人，都认为伦理制度如国家便不是建立在什么原子个人或社会契约之上，而是超个体的"绝对精神"、"生产关系"

等等在人们活动中辩证运行的现实产物。罗尔斯也后退到仅从政治上来确定"重叠共识"的"公共理论",因此有人讥评他的政治自由主义是"无道德的政治"。

答：如前所述,黑格尔、马克思以及今日的社群主义者都否认原子个人,认为现代社会性道德的自由平等、"人是目的"等等,不过是一定社会历史的产物,从而康德只是形式主义。但我以为这"形式主义"至今仍有价值,特别是在中国。发达国家的人们因不满足这种社会性道德所设定的政治中立、价值多元（以至无价值）所带来的精神危机和社会弊病,而发展中国家（如中国）则不但要首先解决每一个人的物质生存的基本需要,而且在精神上也得首先摆脱各种"神"的统治管辖。所以,我一直认为,康德和自由主义在中国不是多了,而是不够。作为公共理性,现代社会性道德（首先是现代性外在伦理秩序）正是今天中国所迫切需要明确和建立的。

问：黑格尔、马克思等人强调历史性,你也强调历史性,有何异同？

答：重点不同,也可以说两种不同的历史性。他们强调的历史性是指一时一地的具体环境和状态,我强调的历史性是指历史的积累性。前者重视相对,后者重视绝对。我以前讲自然人化,包括外在环境和内在心理,都是指它们由积累和沉淀的"历史"成果,人有如此这般的工具、环境,人有如此这般的能力、本领,都是通由历史（就人类群体说）和教育（就个体说）才有可能。作为理性凝聚的人性能力,正是如此。相对主义伦理学、功利主义幸福论看来具体、实用而且符合经验,我以为,却完全丧失了对为康德所高扬的这一"人之所以为人"的伦理道德特征的人性能力的确认。"人性能力"看来似是形式,其实却是**人们心理中情理关系的某种具体结构**,所以并不空洞。它虽然必须由历史上不断演变的相对伦理制度和规范所不断塑建,但这"形式"本身却超出这些伦理制度、规范的相对性和一时一地的历史性,而对人类具有绝对的价值和意义。这是由历史建成的理性,由经验变成的先验,由心理形成的本体。它超越任何个体或群体,代表的是人类总体(过去、现在和未来),从而具有神圣性或宗教性、绝对性。可见,一方面没有历史的积累,没有经验的积淀,不可能产生这神圣的先验的人性。另方面,没有这人性能力和形式,历史将不可能向前行进,人将倒退到动物世界中去。

II 权利与善谁优先

问:这里似乎涉及权利优先于善还是相反的问题。

答:我在《己卯五说》中认为,"伦理学今天实际也已一分为二,即以公正(*justice*)权利(*human rights*)为主题的政治哲学伦理学和以善(*goodness*)为主题的宗教哲学—伦理学。"《历史本体论》从而提出"善恶与对错分家":"明确对错与善恶有别,不应从后者,不管是儒家的性善论或基督教的性恶论来建立、构造或干扰前者的法律制定和道德裁决","作为现代社会性道德体现的法律精神和观念信仰,不应涉及人性善恶、人生意义、终极价值之类的宗教性课题。现代社会性道德不应以任何教义、主义为依据，而只是宣告保证每个个体有在不违反公共基本生活规范下去选择、追求信仰任何一种价值、意义、主义、教义的自由，亦即个体在现代社会生活中的基本权利"。该书认为这比较接近罗尔斯的"重叠共识"。但提出，不同于罗尔斯，历史本体论认为这"重叠共识"实际是以现代市场经济和今日全球经济"一体化"为真正基础。正由于科技生产力的发展、经济全球的趋同，使人们生活日渐趋同或接近，才要求大体相同或接近的法律—伦理的规范、秩序和制度。这也是在世界范围内不断重演数百年前欧美政教分离的故事。康德说无须天使，就是魔鬼为了各自的利益也可以订出共同遵守的美德。这种"美德"指的就是这种现代社会性道德。它通常经由法律形式来巩固和表达，是一种政治性的秩序、建构、制度，而要求人们自觉遵守。其特征也就是"权利（对错）优先于善（善恶）"。

问：但当前时髦的潮流是反对权利优先于善而主张善优先于权利，如社群主义和列奥·施特劳斯等人的理论。

答：《历史本体论》一书已指出，对错与善恶、政治与宗教虽说分离，实际上千丝万缕，难以分割："两者真能一刀两断，彻底分割吗？'善恶'的价值观念对人们行为的'对错'准则难道就真的没有关联、作用和影响？当然不是"。并举出美国关于堕胎的多年争斗为例。接着还说："现代社会性道德以理性的、有条件的、相互报偿的个人权利为基础，传统的宗教性道德则经常以情感的、无条件的、非互相报偿的责任义务为特征。人不是机器，在现实中即使循理而行，按社会性道德的公共理性规范而生存而生活，但毕竟有各种情感渗透、影响于其中，人际关系不可能纯理性，而总具有情感方面。两种道德的纠缠渗透，于群体于个人都是非常自然甚至必然的事情。"

自由主义在欧美发展到使这个所谓由"光秃秃的个人"（即原子个人）所组成的"理性社会"弊病丛生，心理匮乏，从而由新老自由主义所坚决提出的"权利优先于善"的基本原则，受到社群主义和保守主义的极大质疑和反对。他们从根本上驳斥和否定以"原子个人"为基础的现代社会性道德，宣称"好坏"高于"新旧"（反对进化论），"善恶"优于"对错"（否定价值中立），要求回到古代的美德伦理。康德也就成了必须与之分手的重要对象。

基督教在美国近年的复兴，也呈现出这一点。由于它比社群主义等理论具有远为明确的情感—信仰特点，便正好填补了自由主义要求权利优先、政教分离、价值中立，从而缺乏宗教情感信仰的弱点。于是以追求好的生活（*good life*）即善（*the good*），来取代"权利"的优先地位，来反对或否定启蒙思潮。

问：那么什么是这"善"、这"好生活"呢？

答：这正是难点所在。各种宗教、文化对"善"、"好生活"、幸福（*happiness*）有各种不同的理论、学说和思想，而每个个体对"好生活"、"善"、"幸福"的认识和体验也各有不同选择、差异甚至对立、冲突，特别涉及精神方面。这里很难有共同一致或"重叠共识"的"好生活"或"善",而只有各自不同的宗教、文化的传统标准,所以我把它归之为"宗教性道德"。《历史本体论》强调了善、恶与对、错的分家,也就是宗教性道德(个人良心)与社会性道德(公共理性)的分家。后者在各不同宗教、文化的群体和国家之间可以努力找到"重叠共识",前者则很难,只能各行其是。

问:为什么?

答:这就是我以马克思(唯物史观)来填补康德和罗尔斯的地方。如前所说,我以为现代社会性道德如自由主义、个人主义以及罗尔斯的理论、罗斯福的四大自由等等,都是以现代经济物质生活为根基,即以保证人的物质性生存延续(食衣住行性健寿娱)的基本满足,亦即以"世俗性"的"幸福"为目标。这方面是可以有共同的标准、尺度和重叠共识的。正如今天世界上的人们大都弃油灯而用电灯,舍马车而坐汽车一样。从唯物史观和吃饭哲学看,这个方面对于人的生存是非常基本非常重要的。现代社会正是通过强调"人是目的"和人的权利而不断实现和扩大这一"幸福"的。社会性道德正是为了从个人内在心理树立起这一"公共理性"的公德规范,来帮助实现现代化的外在伦理、政治、制度、秩序的构建。这制度和秩序甩开精神上的信仰(价值中立)而使权利优先。只有肯定这一经济发展的同一趋向的基础,才能脱开对这种"权利优先"的"公共理性"、"现代社会性道德"、"政治自由主义"种种宗教、文化、道德的质疑和反对。即现代社会性道德并不以"原子个人"

"社会契约"等自由主义理念为真实根基,而是以现代人的生存、生活("人活着"的现代经济—生活存在)为根基。而这种"公共理性""政治自由主义",当作为理性凝聚和心理形式的具体内容,成为人的自觉意识和自由意志时,它本身即是道德,即现代社会性公德。

问:所以善优先还是权利优先实际涉及两德关系问题?

答:对。权利优先还是善优先?也就是做公民优先还是做基督徒(或穆斯林、印度教徒、佛教徒、儒生)优先?也就是生活优先还是灵魂优先?有人选择灵魂优先、做宗教徒优先,追求拯救心灵、超越世俗而舍弃世间一切幸福,作为个人和某些群体的自由选择,只要不严重干扰或为害社会或社会性公德,没有什么不可以。如美国 amish 村民至今拒绝现代文明,不用任何电器和汽车;某些宗教或政治团体反对自由平等,实行严格的等级、独裁制度,并没人去反对干涉。但不能使之成为社会的统治秩序和造成世界的"文明冲突"。权利优先的公共理性保存精神领域内的价值多元、自由选择的开放性,亦即我多年所说物质一元和精神多元。即使各种宗教性道德和不同的文明对社会性道德有所影响、范导和构建,但由于有物质生活基础的公共理性作为准则,便可以求同存异,和而不同,并行发展,以实现国内安宁和世界和平。康德的永久和平论便是建立在诸共和国家基础之上,而不是建立由某种宗教性道德或某种政治意识形态的大帝国基础之上。

问:你主张什么优先?

答：上面已表达得很明白了。在现代社会，我主张由现代经济生活所决定的权利优先，也就是社会性道德优先。正因为此，我主张政教分离，反对由各种宗教和传统文化来构建现代政治和现代伦理道德。但同时清醒意识到，各种宗教和文化传统仍将以各种方式作用于社会性道德，这不可避免而且可以予以适当认同。这就是《历史本体论》所说的宗教性道德对社会性道德的范导和适当构建，关键在于掌握这个"适当"。这也就是我讲的"度"。权利优先，贯彻着"人是目的"。善优先，则活生生有血有肉的人可以不是目的，灵魂、上帝、集体、革命才是目的。权利（对错）优先于善，因之，"9·11"恐怖分子就应当谴责，他们是彻底"错了"，因为滥杀无辜，践踏人权。尽管某些主张圣战的人（善优先）可以认"9·11"是"善"，恐怖分子是"烈士"，拉登是"英雄"。

问：你是从康德讲起的，康德哲学对此将如何说？

答：既然我认为康德道德哲学有**人性能力和人是目的这两个层面**，因之在权利与善的关系问题便也可分出两个层次。

第一个层面是心理形式的方面。人性能力作为绝对律令，在任何具体的经验善恶之前，即优先于善恶。如《批判》一书所揭明，善恶概念是派生的。作善作恶是自己选择和决定的，是法由己出的自由意志的结果。

"我应该"（*I ought to*）即"我立意"（*I will*）这"立意"和"应该"也可以作恶，正好像基督教认为恶可源出上帝一样。在这意义上，人性能力、自由意志如同上帝一样，是第一位的。

第二层含义是社会实质性的方面。既然认为"人是目的"是现代社会的产物,现代法律和社会性道德(对错),如前所说便优先于任何传统的、宗教的、文化的善恶概念。更由于人类学历史本体论没有人格神的宗教观念和信仰,它认为人类总体的生存延续的实践及其利益即是最高的善,而"人是目的"的现代人权要求,尽管其理论基础的"原子个人"是非历史的,却仍然是趋向于这个最高的善的重要的历史步骤,从而,"对错"与"善恶"在这里可以结合起来。在这里,人类学历史本体论与康德又有一致处,康德的第三批判下部分目的论批判认为,大自然的最终目的是文化—道德的人,它的现实实现的历史途径却正是这个作为道德律令的"人是目的"。当然,目的论只是一种范导而非构建。

问:但两种道德的区分和联系涉及了理性、非理性等问题。

答:康德哲学高扬理性,理性代替了上帝成为"至上"。但什么是"理性",一直多义而含混。康德的"理性"是人所具有的超人类的普遍必然性,它不可能来自经验,所以是先验的。这虽然去掉了人格神的上帝,却仍然有着上帝的影子。就历史本体论说,如拙作《批判》所认为,所谓"普遍必然性"只是人类的客观社会性或社会客观性,它仍然来自经验和历史(积累),理性是在人类漫长的历史实践中所建立、所发现、所创造的行为规范(伦理)、事物规则(知识)以及社会制度(如国家)等等。这种外在规范长期积累沉淀而为人类内在的心理形式和情理结构,这就是人类的认识(逻辑、数学和辩证观念)、道德(自由意志）和审美。这已在《批判》、主体性哲学提纲、《实用理性与乐感文化》中反复说过了。

但人是动物，有其生物—生理生存的本能、需要、欲望、暴力、情绪等方面。它们并不属于"理性"范围，而且常常反抗、冲破由"理性"所规范和约束的各种规则，这就是非理性。人的生活、生存、生命都是理性和非理性的复杂组合物。如纯是理性，人将等于机器；如纯是非理性，人则是动物或婴儿。

那么，什么是反理性？反理性与非理性并不相同。反理性是以理性的方式即观念、主张、论说以及有意识的行为活动，来极力推崇上述各种非理性，以之来反叛、对抗、冲击甚至压倒理性。这种反理性的方式多种多样，既可以是非常抽象的哲学思辨，也可以是感性刺激的文艺创作和审美倾向，更可以表现在有组织的行为活动的宣泄。它们有时在现实中和历史上起着某种解构现有形式框架的作用，从而对人类生存延续有益。有时则相反，由于对理性规范和秩序的否定和破坏，如某种宗教或政治狂热，可以导致群体的衰退或灭亡。

在人类生存和人们生活之中，理性、非理性、反理性三者经常并存。如上所说，人不是机器，不可能仅仅依靠理性而生存和生活，但现代社会又恰好是这种理性的产物，它以现代工业科技为基础，如韦伯（马克思·韦伯）所言，它将整个社会制度以及人们的行为活动关在牢笼中，加以规范化、秩序化甚至同质化。这确乎迅速地推进了现代社会的成长和成熟，但因此也激起了反抗。这就是各种反理性思潮和制度的出现。如果说，理性的公共讨论是现代社会民主的核心,公共理性是现代社会性道德的核心;那么,各种反理性的理论、观念以及行为活动则相应而起来满足人们情感、信仰的追求或需要。

今天,在发达国家,以公共理性和自由主义为基础的现代社会性道德在其原则基本实现后,早已不能满足人们对人生价值、生活理想、生命意义等等安身立命、终极关怀的追求,于是便激起了人们对各种非理性、反理性的宗教教义、信仰和情感的向往、追求或复归。"善优先权利"响彻一时,便以此故。但我以为至少这对当前中国并不适用并不合宜。

Ⅲ "道始于情"

问:康德把"理性"推上最后的制高点,做一件事不是出于情感的爱憎,不是出于同情或"恻隐之心",而只是服从理性命令的"应当"才算道德。席勒当年便无可奈何地嘲讽说,我出于愉快感情去帮助朋友倒值得怀疑是否道德,只有带着反感去帮助才道德了。

答:这确是康德的道德哲学一个要害问题。

问:虽然道德确乎是理性命令,即人意识到他(她)所"应当"去做的事,无关喜怒哀乐,只是执行理性的命令。但人之所以能够和愿意执行这理性命令,履行道德义务,在许多时候总是与情感有关系吧。

答:这就是康德哲学疑点和难点所在。机器无情,纯理性地执行人的指令行事。人接受谁的指令呢？接受自己的指令，即自由意志。但这意志又仍然与具体的外在的伦理规范、秩序、制度、法则相关，是由这些具体伦理、制度所包含的某种观念、信仰和情感引导着人们"立意"如此去做。所以我强调"立意"、"应当"所真正揭示的只是"理性凝聚"这一心理形式即人性能力，即康德讲的"形式原则"而非"实质原则"，因为实际牵引、指令这一能力去如此这般行动的（道德行为的实际动力），仍然与人们的信仰、感情、观念有关，而这，也就与各种传统文化、宗教和宗教性道德攸关。

问：所以政教分离不可能真正彻底。几年前你提过美国多年有关堕胎的巨大争斗，近年还有中学能否讲授反对达尔文进化论的智慧设计（intellegent design）即新版上帝创世说的争论。

答：传统文化、宗教性道德在即使二德分开、政教分离后仍然会范导、制约社会性公德以及现代法律和政治。这其实也就是非理性甚至反理性来影响理性，这无可避免，甚至必要。但同时又是危险的。关键仍在于"度"。具体问题需要具体分析，找出具体的适当的"度"：这"度"仍然是某种经验合理性，而非先验理性的裁决。

问：世界上那么多不同的文化、宗教和宗教性道德，非理性和反理性的方面和因素能否也找到某种重叠共识呢？

答：这问题上面已提出过，并已回答。如前所说社会性道德之所以有"重叠共识"，我认为是由于现代物质生活（亦即世界经济一体化）所导致的生活的趋同走势。精神领域虽也有趋同走势，但迄今远远不可能有"重叠共识"。比较起来，中国在这方面倒可能有一定优势。因为中国的"道"（天道）始于"情"，基督教和伊斯兰的"道"（天主、上帝）始于"理"。人情大体相同或接近，"理"则可有多种多样，却又要求一致或统一，这就难了。

问：这如何说？

答：《圣经》和希腊哲学实质上都以"理"胜。在西方，logos 是逻辑、理性、语言，强调的是理性对感情的主宰和统治。中国传统虽也强调"理"，但认为"理"由"情"（人情）而生，"理"是"情"的外在形式，这就是"称情而节文"的"礼"。郭店竹简（原典儒学）一再说，"道始于情"，"礼生于情"，"苟以其情，虽过不恶"，等等。孔、孟所讲的"汝安则为之"、"恻隐之心"、"不忍人之心行不忍人之政"等等伦理、政治也都是从"情"出发。这里特别值得注意的是，即使同样讲情（或爱），也仍有不同，这我在《论实用理性与乐感文化》一文中已着重揭示。基督教讲的是理性主宰感情的情爱，人之所以爱人是因为人应当听从上帝的旨意而爱。爱是一种理性要求。中国讲的是理性融入感情，人之所以爱人（首先是爱父母子女）是由生物性自然情感提升而来，是一种理性化了的自然情感。所以说，前者是"道始于理"，后者是"道始于情"。尽管基督徒不赞成甚至反对康德那种"无情才道德"的理性主义，强调上帝的爱、基督的爱（情感）才是道德的基础和动力，但这种爱却恰好是理性（通由上帝这一观念）来主宰和决定的。上帝是一种理性的信仰,"天地国亲师"是一种人情的信仰。这种不同也就是我所讲的两个世界(基督教、柏拉图)和一个世界(中国)、宗教传统(西)和巫史传统(中)的不同:后者是一个世界(人生)中对自然生物情感作理性化提升,所以讲身心合一、天人合一、物质生活精神生命的合一;前者是两个世界中上帝旨意的绝对性,所以讲原罪,讲拯救,讲灵魂对身体的绝对超越。在后者(巫史传统),理性只是工具,世俗人情才是根本;在前者(宗教传统),理性就是上帝本身,世俗人情远为次要。当然,我讲"情本体"并非专指中国传统,它有人类普遍性。但认为什么样的情却有区别,所以才提出上述"始于理"与"始于情"。

问:为什么有此不同?

答:这就涉及历史了。这种差别,我以为有社会历史的背景原因。中国文化传统成熟巩固在新石器漫长时期,它以定居农业和血缘氏族制度为基础。希伯来和希腊则游牧、航海、商业和奴隶制占了更大比例。氏族成员温情脉脉的关系感情(中)与奴隶只是会说话工具的社会理性(西)是迥然不同的。我以前说过,像罗马斗兽场"率兽以食人"的表演观赏便将为儒家所排斥。在中国,"义"作为道德义务、责任(*duty, obligation*),虽与公正、正义(*justice*)相连,但它不是理性的绝对命令,而是综合、平衡和剪裁了各种人情所得到的最终结果。所以才说"始者近情,终者近义"(郭店竹简),才说"理无可恕,情有可原",才说"合情合理"、"通情达理"。在这里,不但(人)"情"冲淡、缓和了(正)"义",而且

二、谈"恻隐之心"

(2007)

I 道德心理与社会生物学

问：你提出人性能力作为人性的骨干或核心，同时说人性并不止于此，那还有什么？

答："恻隐之心"便是。这又是一个大题目，我今天谈不了。

问：简单谈谈吧。

答：何谓"恻隐之心"？"恻隐之心"到底是什么？，人们讲得很多，学说、理论也五花八门，却一直不太清楚。这四个字是孟子提出的。孟子说它是"仁之端"，是人先验（先于经验）地存有而"活泼泼地"呈现出来的良知良能。孟子以小孩坠井、人往救之的直觉的道德行为作为例证。这种行为不为名不为利，纯是一片天机呈现，认为这是道德的根源和动力。人在生活中逐渐失去了这种良知良能，所以要赶紧从内心发掘它、存养它，存则得之，舍则失之。这也正是宋明理学家所强调的"天地之性""义理之性"等等一大堆学说的由来，它构成了中国伦理学的主流。通俗读物《三字经》一开头就是"人之初，性本善"，已普及到民间社会，影响极大。

问：那么西方呢？

答：休谟以"同情心"作为道德根源和动力。他说，"同情是我们对一切人为的德表示尊重的根源"①，"道德上的善恶确实是被我们的情绪，而不是被我们认知所区别出来的"②。但 Hume 不认为这"同情"或区别善恶的情绪是某种先验或神赐的良知良能，而认为它们只是来自人的自然苦乐感受："人类心灵的主要动力或推动原则就是快乐或痛苦。当这些感觉从我们思想和感

---

① 关文运译：《人性论》，第620页，商务印书馆。
② 同上书，第632页。

情中除去以后，我们在很大程度上就不能发生情感行为，不能发生欲望和意愿。"① Hume 在《人性论》中仔细讨论了人的各种情感，把情感分为"平静的""激烈的"两大类，而将"平静"一类的如经常被误认为是"理性"的"慈爱"、"怜悯"、"同情"等等置于首位，强调它们正是道德的本源，认为理性只是依循这些情感的指挥来活动的。Hume 说出了"理性只是情感的奴隶"这一名言。

问：这很有意思，与康德恰恰相反。

答：Hume 自有他的道理。如我以前所说，作为人性能力，理性凝聚的自由意志只是一种心理结构形式。它本身并非原始动力，相反，常常（虽然并不一定或必然）是某种原始力量推动这人性能力而实现道德。这原始力量之一就是"同情"即"恻隐之心"。这样也才能解决上次说过的 Schiller 嘲讽康德的难点：我好意助人不算道德，恶意助人反而道德。Hume 所突出的正是作为道德行为原始动力的情感方面（同情心、恻隐之心）。

问：可是，你还是站在康德一方。

答：对。因为"同情"根源于一种自然本能，苦乐更是建立在动物生理基础的需要、享受、欲望之上，它们不能构成人类道德心理的特质，既非充分条件，也非必要条件。有了同情心，并不一定

---

① 关文运译：《人性论》，第 618 页。

能作出道德行为；道德行为也不一定要有同情心来作为原动力。如我前所强调，道德行为是服从理性，履行义务，并不一定与同情心有关。

问：那你为什么又要强调提出 Hume？

答：因为 Hume 正可补足康德，有重要的教育学意义。即重视"同情心"作为实现人性能力的肯定性的"自然天性"而加以培育。如对儿童的爱心培育，这样便可尽量避免理性凝聚的人性能力为邪恶观念或否定性情感所左右或支配。因为在某些否定性情感（如仇恨）或邪恶观念的支配或冲力下，也可以"义不顾身"地滥杀无辜，酿成大错，尽管它也可以展现出人的勇敢、顽强等等理性凝聚的意志力量即人性能力。

问：可见，善恶行为既与人性能力也与人性情感相关，相当复杂。

答：对。要把善恶观念、人性能力、人性情感三者作出区分，然后再看其复杂联系和关系。可以说，善恶行为都是人的自由意志所作出的选择或决定，所以人要对其选择和决定负责。动物性、人欲本身不是恶，有意（自由意志）选择去放纵或扼杀才是恶。这一点，中西哲学都讲得很明白。包括大讲"天理人欲誓不两立"的宋明理学也并不认为维持动物性生存的情欲本身是恶，而是认为过分宽纵它们才恶。这种能支配、主宰、控制感性情欲的力量就是理性凝聚的人性能力，康德突出这个方面来讲善恶行为，我以为抓住了人类道德的基本特征。但Hume所注意的不是这个人性能力方面，而是这能力之所以实现的原因。例如说，尽管你能做好事，但是为什么你会做好事？他认为原因是因为你的情感即同情、爱、恻隐之心推动你去做，去实现你的人性意志能力即自由意志。

问：这是说情感与能力并不能等同。

答：对。不能完全等同。

问：所以培育人性情感也很重要。

答：人的情感有许多种类和方面。有肯定性情感，有否定性情感。如何了解、对待、培养是一个重大问题。当然，这里的肯定否定二分只是为了叙说方便，实际情况远为复杂。

问：那么，这作为肯定性情感的"同情"、"爱"、"恻隐之心"又来自何处呢？

答：这是要害所在。可以分出先验和经验两大派，也可说是神学派和科学派。

问：如何说？

答：先验派当然就是孟子，也包括许多中西大哲。中国现代首推牟宗三。牟宗三大讲"圆善论"和"智的直觉"，把作为道德本源的"恻隐之心"极端神圣化和神秘化，提到了宇宙—人生的最高点，强调它就是中国生命哲学之根本。牟简称之为"觉"："吾常言仁有二特性，一曰觉，……此觉是由不安不忍、恻怛之感来说，是生命之洋溢，是温暖之贯注，如时雨之润，故曰觉润。……觉润即起创生……其极也必以天地万物为一体（案此即其无限性），此可由觉润而明也。此即仁之所以为'仁体'。"① "觉——不是感官知觉或感觉（perception or sensation），而是悱恻之感，即《论语》所言的'不安'之感，亦即孟子所谓'恻隐之心'或'不忍人之心'。"② 牟以为，正是这种"觉"、"感"使"天道""往下贯"，化为自己内在生命特性。"所以天命、天道观念发展的归宿，必为与主体意义的诚、仁两个观念同一化（idientification）"。③ 从而人的道德心灵就是宇宙本体，"恻隐之心"就等于"仁体"、"诚体"、"性体"、"心体"，也等于"天理"、"天道"、"天命"。④ 道德心灵囊括一切，道德形而上学就是宇宙形而上学。这可说是把孟子的先验论在现代哲学的话语中推到了顶峰。

问：牟大讲恻隐、悱恻、不安、不忍，以此来表述这个道德—宇宙本体，强调它们不是感知觉，但同时强调它也不是理性、观念、思维，又不承认它是人格神或上帝，那到底是什么呢？

答：18世纪英国Shaftsbury、Hutcheson等人认为，道德直觉是由于人有五官之外的另一内在第六感觉，但它还是经验性的，还是

---

① 《圆善论》，第260—261页引《心体与性体》，台北，学生书局。
② 《中国哲学的特质》，第35页，台北，学生书局。
③ 同上书，第44页。
④ 参见《圆善论》第262页等处。

属于人的自然身心的，与牟说的"心体"、"性体"、"天命"、"天道"等等根本不同。牟这个"不安不忍""恻隐""怵惕"那么高深神秘，不是感知觉，却又可以感受体验，所以我只好把它最后归结为某种宗教神秘经验，他自己也不讳言这一点。①

问：这可说是将"同情"、"恻隐之心"作为道德根基的先验论极致，你不是说还有另一派理论？

答：那就是社会生物学的理论。我上世纪80年代提过K. 洛伦茨，这里想以卡尔·考茨基和E. 威尔逊为代表，他们都是在达尔文理论基础上的发展。

问：请说说。

答：卡尔·考茨基是当年马克思主义的著名领袖。他在19世纪《唯物主义历史观》巨著中，用大量动物学和人类学材料，论说了人类道德来自动物本能，来自动物的"社会欲"。他说，"道德并不是人们特有东西，也不是人心里的一种神秘圣火为依据。它是动物所共有的，它是导源于各种社会欲的"②；"从群居生活里面发出来了一大批高贵的欲：如完全献身于其共同体、同情、自愿牺牲、勇敢、名誉心……""原始民族的道德，甚至像希腊人和罗马人那样高级的民族的道德，都可以在动物界找出类似的东西"③；"同情心既不是

---

① 参见拙文《论实用理性与乐感文化》。
② 中译本《唯物主义历史观》，第二册，第295页，上海人民出版社，1965年版。
③ 同上书，第294页。

以思考为基础,也不是以想象为基础,这是一种由生存斗争培养起来的本能,人们遵照着这种本能活动而不用把它搞清楚,正如候鸟遵照着迁徙的本能活动,并不用完全明白它的意义一样"①。考茨基甚至将共产主义也放在实现动物"社会欲"这个生理基础之上,以说明其有不可抗的强大动物本能的普遍必然力量。

问:威尔逊呢?

答:考茨基引用的是早一些的资料,20世纪70年代:*Edward* 威尔逊(哈佛大学教授)以包括遗传基因在内的更新的研究,作出了类似的结论。他区分以群体为中心(无条件利他)和以个体为中心(有条件利他)的动物族类,指出人类居中而偏后。人的利他行为实际是以个体及其最邻近亲属的利益为目的。他说,"有一点是确定无疑的,这种自我献身的冲动不必解释为神圣或超验的,我们有理由去寻找更为常规的生物学解释。"②"人的利他主义的多数表现,说到底都会有自利的成分","人的怜悯心也是有选择性的,常常最终是自利的"③;"利他主义自然要服从生物学法则"④;"人的一切利他行为都受到一种强烈情感的支配"⑤;"以感情为基础的直觉的选择的观念,其根源是生物的"⑥,如此等等。总之,利他是自利,

---

① 中译本《唯物主义历史观》第二册,第296页。
② *on human nature*,中译本《论人的天性》,第140页,贵州人民出版社。
③ 同上书,第142页。
④ 同上书,第154页。
⑤ 同上书,第150页。
⑥ 同上书,第155页。

以有益于自己这个血缘种族的生存延续。这个受"强烈情感支配"如此崇高的"利他"的"道德"行为,实际乃生物族类经由竞争为维护、延续生存的情感本能产物。"道德并没有其他可以证明的最终功能"①。所谓"同情心"、"恻隐之心"、"不安不忍"的真实根源,不过如此。这与上面牟宗三讲的道德形而上学对照起来,真是一天上,一地下;一如此高远神圣,一如此低俗平凡,交相辉映,煞是有趣。

问:关于这个道德"本能"还有什么说法吗?

答:最近(2007年1月29日)《时代》杂志有一篇题为《我们如何作出生死抉择》的短文,也很有意思。该文说,根据近来脑科学大脑扫描研究,是情感决定了人的一般行为选择。只有在脑内与抽象思维和认识控制相连区域的活动水平加强并占优势时,才作出相反决定。该支配图以一列火车开来,如不转闸换轨即将撞死五人,而换轨则将撞死自己所爱的一人或某一无辜的人,除非功利主义伦理学(亦即理性的社会认识或法则)告知和命令死五不如死一,人们一般不会去转闸换轨而宁袖手旁观。可见人的行为、道德的根基是情感而非理性,还是休谟正确。

问:照这种说法,人的行为和道德完全是本能性或非意识性的了,根本无须人性能力、道德良心、自由意志了。

---

① 中译本《论人的天性》,第156页。

答：对。这与我所说康德强调人性能力完全相反。我以为刚才讲的那个例子倒恰好说明，即使并不一定是"善"或"对"，但决定改闸换轨，这一坚决执行理性命令不顾感情私利的抉择，正是自由意志和人性能力的展示，而为动物所不能。在战争中为掩护集体安全而闷杀啼哭的亲生婴儿，不被谴责而受赞扬，也以此故。中国传统讲的"大义灭亲"，也如此。当然，这都属于特殊或极端的情况。一般和更多的情况，是履行道德的义务常常以某种积极的、肯定性的情感，如同情、爱、怜悯等等来作为推动力量，在这一点上，Hume 是有道理的。在这里情感与能力便合二而一，而理性似乎只是情感的奴隶了。

至于为何一定要保全多人（或社会或群体利益）而损己，为何社会、群体利益高于一己，则属于另一问题，即善恶观念问题。善恶观念的各种具体内容是特定时代、社会、环境、习俗、传统所决定的，具有突出的相对性。并不是所有损己利人都是善，特别是在打着"集体"、"民族"、"国家"、"人民"、"上帝"各种旗号之下的所谓理性命令，好些时候便是虚假和伪善的。

问：你多次说过尊老和杀老在特定历史社会条件下，都是道德的。但就人类总体讲，尊老比杀老仍然更道德。

答：那正是由于人类生产和生活的发展已无须杀老便能生存延续的缘故。同时也因为尊老比杀老在发展、培育生物自然基础上的善良情感从而履行人性能力，对巩固群体和延续生存也更为有益。所以尽管善恶标准是时代、社会决定的，具有相对性，但由了人类生活发展，经由漫长历史，相对中逐渐积累出某些成为人类普遍性绝对性的善恶标准和原则。例如尊老毕竟取代了杀老。人类各民族各宗教各文化的善恶标准、观念或原则由于社会生活的趋同已日益接近和彼此宽容，但迄今也仍然并不一致。而且，即使在同一社会、时代里，也有对善恶的不同观念和信奉。例如美国关于堕胎问题的争斗，等等。而另一方面，为善为恶的人性能力或自由意志虽具有普遍必然的绝对性价值，却就总体说，在肯定性人性情感或善的观念推力下的人性能力，一般说来，会受到尊敬、赞扬、钦佩；而在某些否定性人性情感或恶的观念推力下的人性能力即使如何高强刚毅，却一般并不为人称道。从而善恶观念、人性能力、人性情感在这里便一致或统一了起来，历史具体地成为康德所要求的"我一定如此行为，使我能意愿我的准则成为普遍律令"，"只照你能意愿它成为普遍律令下的那个准则去行动"的"绝对命令"。它们世代沿承，化为各种不朽的人格楷模，形成了各民族、宗教、文化、道德传统的主流。总之，人性能力与人性情感都属人性。人性能力是人之所以为人的骨干主体，人有动物无。情绪、情感，人（动）物俱有，但性质不同，它是血肉。人要生存，血肉和骨骼不可离异。

问：但它们很难区划分割开来。

答：正因为如此，便更要注意其区划。当然这属于"理想型"的研究区划。实际上，人的行为是在许许多多复杂变易却又延续不断的各种具体的善恶教义、观念和各种肯定否定的人性情感推动下，由人性能力所作出的活动抉择。所以，我以为人的伦理道德不能归结为动物本能，也不能归结为先验的"人性善"，而是人类历史（就社会说）和教育（就个体说）将社会性的善恶理知观念经由大脑的认识思维领域通向情感领域，并与动物性的爱憎情欲相联结所构成用来支配、主宰、控制感性行为的意志活动。未来脑科学将会发现神经领域这通道的具体形式。从人类学历史本体论的哲学说，这也就是一种历史积淀的文化心理结构。

问：那么有没有牟宗三的那种神秘的"智的直觉"呢？

答：对照科学，我觉得牟宗三讲得玄之又玄的"智的直觉"、"不安不忍"等等显得苍白无稽。所谓"不安"，本来自《论语》中孔子问宰我不服三年之丧的"汝安乎"。"不忍"来自孟子"闻其声不忍食其肉"从而以羊易牛的故事，都是非常明确的经验心理。牟硬要把它抬高到"心体"、"性体"，甚至"天命"、"天理"的"本体"高度，却又强调不能更改这个"活泼泼地"经验心理的特征。尽管牟说这个"不安"、"不忍"不是感官知觉（*perception*，*sensation*），但它不仍然可以是感性情感（*feeling*，*affection*，*emotion*）吗？牟以这种具有感性经验特征的描述来界定、申说超验（或"超绝"）的"道德本体"，我以为是自相矛盾，说不通的。所以我一再讲牟和康德根本不同。康德没有也决不可能用什么"不安不忍"、"恻恻之感"这种经验心理的词语来叙说道德的绝对律令（*categorical Imperative*）或本体的超验存在。

问：你是说，与人性能力的理性凝聚特征相比，人性情感的经验性质与动物性本能的关系和联系更为密切？

答：但重要的是它们都人化了，即经过社会历史的积淀，这些源自动物性的本能情感已变得远为不同了。我不知道动物会不会有如抑郁、烦闷、忧虑、焦虑、羞愧、嫉妒、悲悯、忏悔、傲慢、敬重、仰慕以及宗教—审美方面的虔诚谦卑、悲喜交集、人生感伤、淡淡哀愁、莫名惆怅……之类的情感。或许动物也有某些类似的情绪，但性质毕竟不同，人类把即使动物也有的情绪发展、改变得非常复杂、丰富、细致、多样，其中主要正是由于渗入了理性的许多观念、思绪，使它们远远不只是动物性的欲望、需要等本能情绪了。人把动物性的同情、爱怜也把动物性的凶残、暴虐发展到动物不可能有的强度和高度，具有了质的不同。也正是这些人化了的肯定否定情感驱赶着理性凝聚的人性能力作出了许许多多或感人心魂或骇人听闻的善恶事迹。

二十多年前我举过杰克·伦敦的小说描叙一位白人为金钱贪欲艰辛万倍在冰天雪地里远道运送鸡蛋的故事。他的人性情感是贪欲（建立在利己的基础上），他的人性能力是坚毅的意志。他这行为是善是恶呢？却很难说。作者认为是恶：贪心发财。却又不尽然，他发财是想生活好，无可厚非，更何况运送鸡蛋对缺少鸡蛋的远地他人也大有裨益。从这个故事可以看到人性能力、人性情感与善恶观念的区别及其相互交错的复杂性。

Ⅱ "共同人性"的三方面

问：从而，对每一件行为的善恶判定要特别慎重，要"具体问题具体分析"。这"具体"也就是当时当地的各种情况和条件。

答：道德、伦理以及伦理学都是为人类服务的。善恶均与人类相关，从根本上都是从各该人类群体的生存延续的利害来定标准、设规则、立制度、成观念，以致变为传统和习俗。人性情感则多种多样，有正有负。人性能力是中性的，可作善也可作恶。把三者混在一起谈论便很难说清楚。传统的"人性善""人性恶""人性善恶混"等等学说，五花八门，便是一例。

问：你区分人性能力作为道德行为的理性主宰，人性情感作为道德行为的感性动力，善恶观念则是这主宰和动力的具体内容。看来，这一体三分是你的道德哲学的要点。而"宗教性道德"与"现代社会性道德"的"两种道德论"则是你的伦理学—政治哲学的要点。这"三分"和"两分"又是什么关系？

答：所谓"善恶观念"也就是各种"宗教性道德"和"社会性道德"所设立、培育的社会（群体）的规范、准则和秩序，它一方面具体指挥着人的自觉意志即人性能力，另方面又深入渗透人的情感，内在的道德与外在的伦理在这里便合为一体。

问：但你不是说"宗教性道德"是善恶，"现代社会性道德"

只是对错吗？

答：对错进入感情也就成了善恶，外在的对错、善恶区分在内在心理情感上消失合一了。如孟子讲的"是非之心"，既是理性判断（对错），又是情感好恶。所以，两种道德的分裂和矛盾会造成个体情感上极大的冲突和痛苦。从而，将三者（善恶观念、人性能力、人性情感）区分而又重视如何统一，即培育肯定性的人性情感（如同情心、"恻隐之心"）坚强的人性能力（自觉意志）和对各种善恶、对错观念、主张的识别判断，便是非常重要的课题。

问：那么情感是否也是一种能力呢？

答：能力与情感应该是两个不同的概念。就生理说，会跑会跳与会爱会怕还是不同的。而有爱心却无决心无勇气即没意志力量去行动，有行动能力却无仁心爱意去行动或不去行动，这种现象，比比皆是。当然在许多情况下两者又是混合在一起的。

问：那么，人性能力与人性情感的培育也有不同？

答：人性能力在伦理道德领域就是培育意志，使异质的理性进入感性生物体，即上述脑科学中认知领域对情感领域的某种神经通道的建立和控制。人性情感也要培育，也有理性参与，但那是在原自然情欲上的引导、发展或限制，而不同于意志能力的培育。它的脑神经结构通道和形式也会不同。认识作为"理性内构（原作"理性内化"，今改此词）"有其生物学的自然基础（如五官知觉、好奇心理等），道德作为"理性凝聚"也有其生物学的自然基础（如动物的忍耐、等待等克制能力等），但理性在这两方面（认识和道德）都处在主宰、决定和优势地位，而与情感培育不同。后者多半是理性渗透、融化在原自然情欲之中。

问：看来，从道德心理说，人性能力与人性情感两者都需要培育。

答：提倡斯巴达、武士道，只锤炼坚毅顽强的意志能力不够；大讲爱心、高谈仁义，只养育善良仁慈的同情心也不够。只有"文质彬彬，然后君子"，所以才有"礼、乐、射、御、书、数"文武双全的"六艺"。

问：你似乎比较欣赏中国儒家培育人性的方式。

答：这正是因为儒家强调将人性能力与肯定性人性感情（当然也包括某些否定性情感如羞耻）紧密连在一起来进行培育。既讲仁爱，又将刚毅；既讲"不忍人之心"，又讲"虽千万人，吾往矣"。将肯定性情感（"恻隐之心"）与人性能力（刚毅木讷）紧密连在一起，并由之定出善恶观念，由近及远，推及四海。

问：如何说？

答：如我以前所说，儒家是以一种动物也有的自然性情感（亲子情、社会欲）为基础或起点，加以理性化的提升，最终构成一整套"父慈子孝兄友弟恭"、"君臣父子夫妇兄弟朋友"的伦理体制和善恶观念，使人性能力得到了具有强大动物本能基础而又理性化了的人性情感的支持。儒家先讲"老吾老"，而后才是"以及人之老";"幼吾幼",而后才是"以及人之幼",由亲及疏,由近及远,这就是"能近取譬"、"爱有差等"和"道始于情"。历史证明,这种以理性化的自然情感为基础比仅以理性原则为基础(如墨家的平等的"兼爱")要持久和优胜①。培育这种由亲人而家国,可以一直扩延到"推之足以保四海"(孟子)、"千里万里,一家一人"(谭嗣同)的博爱胸怀,却正是建立在这个以生物自然为基础而又理性化的人性情感之上的。前述 Time 杂志文中曾提出,如果按照理性的功利主义伦理学,"救助十个非洲挨饿的婴儿不比维持你 90 高龄的父亲的生命更好(更道德)吗?"的问题,但人们一般并不如此做。这照中国的传统说,就是所谓"人情之常"或"人之常情",违反这个"人之常情"便是"矫情"。儒家不赞成"矫情",包括批评庄子妻死鼓盆而歌。所以,除了特殊和例外的情况,儒家一般并不强调"大义灭亲"、"忠孝不两全"之类违反"人之常情"的规则、命令;相反,儒学一直强调家国相连、君父相通、齐家治国、忠孝两全等等。这正是为了将人性能力与正面的人性情感(爱、同情、恻隐之心)捆绑在一起,使作为理性律令、意志力量的人性能力有一条比较强有力而积极可行的实现道路,避开了康德绝对律令缺乏具体可操作性的难题。

问:那么,这个"情"、这个"人之常情"是不是就是道德感

---

① 参阅拙著《中国古代思想史论·墨家初探本》。

情呢？

答：非也。道德感情仍如康德所言乃是"敬重"，是对理性凝聚的人性能力（自由意志）的敬重，而不是以生物性为基础的同情、慈爱、"恻隐之心"。"敬重"虽也是人性情感，但与同情、恻隐等有根本不同，它是一种理性情感，建立在理知认识之上，虽也有自然生物因缘，却为动物所无有。人们对战斗英雄革命烈士的敬重，主要不在他们的人性情感（热爱人民或仇恨敌人），而在他们把人性情感实现在宁死不屈奋不顾身的坚毅意志即人性能力中。

问：那么，你所提出的人性情感、人性能力与善恶观念是一种什么关系？请简单说说。

答：由人性情感作为动力，经由善恶观念的知性裁定，而由人性能力（即意志能力）执行之，构成了人类的伦理道德行为。这是一个十分复杂的过程。尽管有时呈现得非常迅速，似乎是一种"良知"、"天性"的道德"直觉"或本能，实际仍然是长期历史—教育的积淀成果。所以有时也呈现为较长时间的明确思索，如文天祥（不投降）、洪承畴（投降）。前者之所以受人尊敬钦仰，不仅在于他所选择的善恶标准，而更在于他不管如何困苦艰难却坚决顽强地执行这个道德律令的人性能力。可见，人性（意志）能力仍然是三者之中占据核心地位最为重要的骨干、枢纽。这也就是为什么我在上次答问中突出康德的原因。

问：那么，你上面讲的科学派与神学派，你站在哪一边？康德的先验论不应属于神学派吗？

答：康德并不讲恻隐之心，只讲实践理性，实践理性也是一种先验论。我虽然赞同康德，却倾向于科学派，这两者并不矛盾，它正是历史本体论不同于康德先验哲学之所在。因为历史本体论是建立在人类学即人类的生存延续的现实而不是建立在纯粹理性的设定之上。但历史本体论虽然重视人类学的生理基础，却又同时强调人性不能等同于动物性，不能把人类的道德行为归结、统摄在社会生物学之下。尽管人类作为动物族类，会继续原遗传基因和各种动物本能以维持和延续族类的生存，但这生存毕竟已进入千万年的文明——文化的历史过程中，它**已经不是动物本能和生物遗传所能决定的了**。所以我的总观点仍然是"内在自然的人化"。而我之所以认为"道始于情"的中国哲理具有世界价值即人类普遍性，正在于它在古代历史条件下较好地表述了这个"自然的人化"，即重视理性化是建立在生物本能或自然情感之上的。人类学历史本体论哲学之所以说既要"继承启蒙理性"（康德是最大代表），不赞同宣扬非理性或动物本能的各种反理性思潮，又要"继承中国传统去其（启蒙理性）弊病"，作出"转换性的创造"，也是如此。与自由派以世界普遍性压倒或漠视中国特殊性不同，与新左派、国粹派以特殊性对抗或否认普遍性不同，人类学历史本体论是以有经验依据的、有可认识性和可操作性的特殊，来改变、改进和改善普遍，从而成为普遍性本身。正如人类学历史本体论以**实用理性**来反对后现代，主张重建理性（但非先验理性）权威，以**乐感文化**来反对虚无主义，主张重建人生信仰，它们所要展示的，都是**中国传统的特殊性经过转换性的创造可以具有普遍性和普世的理想性**。

问：你是否能用你的哲学解说一下中国古代传统的"天—命—性—情—道—教"（见郭店竹简）？

答："天"就是那神圣而又神秘的自然—宇宙总体，也就是我所说的"物自体"（见《论实用理性与乐感文化》文）。"命"是这宇宙—自然落实到个体身上的各种基因总和以及个体的人生遭遇和道路，它们都有极大的偶然性。"性"是在这个"命"的基础上拥有的人性，它端赖各种情欲和能力的人化。"情"已说过很多，不必再赘。从"情"产生出社会的准则、规律，这就是"道"，进而栽培养育之就是"教"。当然，几句话很难表述，不过撮其要义而已。

问：总的看来，人性是个复杂问题。

答：所以我说，"人性"一词古今中外用得最多，但最不清楚，最为含混模糊。我这里把它在伦理学方面作出人性能力、人性情感、善恶观念的区分，也只是初步研讨。

问：你在《己卯五说》、《历史本体论》等论著中将伦理学分为宗教哲学（主要处理宗教性道德）和政治哲学（主要处理社会性道德）两大类。如今又分为人性能力、人性情感和善恶观念三大方面，请再讲讲？

答：前者是就伦理学的外在领域和现实情况（当代问题）的划分，二者仍有紧密交叉和联系。后者是对作为伦理核心主题之一的人性问题作文化心理结构上的区划，当然更有交叉和联系。再简括一下这区划，善恶观念是一定社会、时代、环境和制度的理知产物，它是社会的、理性的。即使观念的具体内容可以非理性，例如认为必须听从神的旨意杀人以祭祀才是善，它也仍然是社会的理知的，动物便没有。人性能力在伦理学即道德方面就是理性凝聚的自由意志，即理性对感性的主宰、支配，它也是社会的。人性情感则是对动物性自然情欲的理性化的发展和培育，虽有社会和理性各种不同程度、不同层面的渗透和干预，却不纯是社会的，也不纯是理性的。

除道德方面外，人性情感还有认识方面，如认识产生的智力愉快和喜爱知识、追求真理的人性情感。在审美方面，因为是多种心理功能的复杂活动，人性能力与人性情感更为错综交织，使审美不仅是一种情感，也成为一种能力。这种能力可以"以美启真"、"以美储善"、"以美立命"，以及成为审美形上学和世界观。在这里，人性能力与人性情感有某种高级的汇通、融合和同一化，它在整个人性成长即人性在各方面的开拓发展上起着重要作用，这里就不多说了。

问：人们说，哲学不是发生学。为什么你的哲学总与发生学有纠缠，甚至通过发生学来解答哲学问题，例如你这次谈人性。

答：这正是人类学历史本体论的哲学特征。由于不预设上帝、绝对理性、先验意识、精神实体等前提，而以人类和个体的生存延续为主题，认为人作为历史成果而存在，认为包括各种非历史、"超"历史的观念、思想、感受、"境界"等等也仍然是历史的产物，这便自然会与发生学有关联纠葛，但我的哲学并不就是发生学。发生学属于科学。

问：人们说你的哲学是积淀论，它与人类学历史本体论又是什么关系？

答：积淀论主要讲了人类学历史本体论的内在方面，即文化心理结构亦即人性问题。它分为"理性内构"（前用"理性内化"）、"理性凝聚"和"理性融化"（前用"狭义的积淀"），由之而有人的"自由直观""自由意志"和"自由感（享）受"。人类学历史本体论还有其外在方面，如"两种道德"论的伦理学，从而"和谐（harmony）高于正义（justice）"、"儒法互用"的政治哲学（此即"美学是第一哲学"的具体展伸，暂缓作），等等。它们都是历史的而非先验或超验的，都正是人类学历史本体论的重要内容，贯穿着"情本体"这根主线。这主线当然以更为复杂丰富的形态展现在审美和艺术中。总的说来，我以为，未来脑科学将具体发现人性或文化心理结构所具有的各种神经通道和结构的生理根基和形成机制，从而实证地解说人类通由历史和教育，社会文化向个体心理造成了积淀形式。

2007年4月于Boulder, Colorado

三、再谈理性与本能

(*2008*)

I 动物本能与人类理性

问:多纳德·蒙罗《A Chinese Ethics for the New Century》(2005,香港中文大学出版社)一书从社会生物学讲孟子的"性本善",与你一致否?

答:我最近读到该书。多纳德·蒙罗从社会生物学立论,认为儒家伦理具备大有前途的人类普遍性，这也是我所讲的。差别在于，Munro将道德根源基本归结为生物族类的自然本性（或动物本能，二词等同使用，下同），在一定程度上轻视或贬低了人类"立意"（to will）心理的理性特征，与我强调人类作为超生物存在的"自然人化"基本观点相当不同。与此相连，多纳德·蒙罗将孟子"性善"、"四端"解说为动物本能，与宋明理学以及现代新儒学解说孟子"性善"、"四端"乃先验（超越经验）的"天道"、"天命"所赋予，是人之所以"异于禽兽"者，也恰好相反，从而M抹平了道德所具有令人景仰、敬重的崇高性、神圣性，这是我不赞同的。

问：你在上次答问中，不是嘲笑过牟宗三讲孟子性善的先验（普遍必然）性，而赞赏社会生物学讲的普遍必然吗？

答：关键就在：这个"普遍必然"是神的或"纯粹理性"即先验的普遍必然（A）？是生物生理即动物本能、先天生理的普遍必然（B）？还是人类自己建立起来的实用理性（即在生物先天基础上的理性化提升）的"普遍必然"即客观社会性（C）？牟是A，M是B，我坚持C。我认为人类心理（亦即"人之所以为人"的主观方面）是生物族类的自然本性经由历史（集体）和教育（个体）所积淀而形成的理性化成果，其中包括理性凝聚的道德自觉或自由意志。亚当、夏娃不遵上帝旨意，即有了自由意志，选择禁果，被赶出乐园受灾受难，成为人的祖先。

问：A是哲学，B是科学，C是什么？

答：C是有科学含量和科学前瞻的哲学视角。其实，今天的社会生物学正是当年经验派哲学 Hume、亚当·斯密、哈奇森等人将道德根源归结为人的"同情心"、"同情共感"的哲学视角的现代科学的具体展开：在生物学（生存竞争）和生理学（遗传基因）中寻找"利己"、"利他"的动物本能来解说人类的道德行为和伦理秩序。

问：你承继了这一视角？但又加上了康德，所以我说你是康德加 Hume。

答：但并非简单相加。康德是理性主义，在道德哲学中，康德强调的是绝对脱离感性经验的先验理性即绝对命令，我却把这个理性放置在感性基础上而分出人性能力、人性情感和善恶观念三个方面。这三者形成了非常复杂的结构。

问：很明显，你的伦理学更重视人的内在的道德心理，而不是外存的伦理秩序，一开始你就区分伦理与道德。这与社会生物学也有契合之处。

答：是这样。伦理学可以从多方面去研究。我重视的是"人之所以为人"的内在文化心理结构各层面。所以我把康德哲学说成是"先验心理学"，即认为康德是从人性角度即"人之所以为人"的内在心理角度来研究"人是什么"这个大问题，这包括他的认识论、伦理学和美学。核心又仍然是理性与感性的关系、结构、形式，即我所谓的"自然人化"问题。

问：你是从美学开始讲康德的，这有什么理由？

答：我一开始便特别重视康德讲美感与快感的区别。康德认为美感是"判断"，这与其他哲学家如经验派很不同。"判断"一词本只用于理性活动，康德将它用于美感。实际是指明美感并非感官快适（快感），而是人的多种心理功能（如康德所说的想象与理解）协同活动的结果。这活动中含有理性，只是这理性是融化、渗透在诸多感性（感觉、知觉、情感、想象等等）中了。

问：那么到底什么是"理性"？

答：这个词语至今未有公认的明确解说，而且始终是一大难题。一般说来，"理性"总与某种规范、秩序、原则相关，它经常以语言方式在人群中传布、展示和承继，而不同于个体生而具有并只属于自己的感官知觉、神经反射和各种情绪。我以为未来脑科学也许能揭示对个体说，所谓理性乃大脑皮层某区域某部位（如与左脑语言中枢相关）或整个大脑在外在文化环境作用刺激下所形成的某种神经机制。它对人的动物生理反应产生的各种不同作用、关系、通道、结构，便形成了人所特有的文化心理结构而区别于其他动物族类。我认为人的理性首先产生于制造—使用工具的群体实践中，所以从根本上我是将两个著名的关于人的古老定义即"人是理性的动物"和"人是制造工具的动物"沟通联结了起来。在百年来反理性主义甚嚣尘上泛滥成灾的时候，回到康德的理性主义而加以调适，以不是超人类的先验理性而是维持人类生存延续的实用理性，从以脑科学为实证基础的人的文化心理结构角度来承续解说 Kam 所提"人是什么"问题，我以为是很有意义的。

问：这就是你的"人类学历史本体论"的"hard core"："自然的人化"。首先是制造——使用工具使外在环境与人的关系产生根本变化，然后产生理性，使人的内在身心也发生了根本变化。

答：其实两者在时间上是平行的，只有逻辑上的先后。这里问题仍在于人的理性究竟是什么？它如何作用、关联于人的动物生理？所谓"结构""通道"究竟具体是什么？这都希望未来有科学的实证说明，但现在还不能。所以，我所说的人性能力等等都是"先验"心理学，不是经验的实证科学，而只是一种哲学视角。人性能力包括"理性内构"（认识能力，如只有人有数字和逻辑等等）"理性凝聚"（意志能力）"理性融化"（审美能力）。也如以前多次强调，审美能力由于理性与情感的关系不同，不是前者排斥、控制后者而是参与、交融，使之不同于认识能力和意志能力而更为复杂多样，在审美这里，"能力"与"情感"经常混而为一。而自我克制自我牺牲等意志能力习而久之，进入某种特定情感状态即美学—宗教的"圣贤"境地，就是美德，这也就是"以美储善"。如朱熹所云："凡人做好事，若只做得一件两件，亦只是勉强，非是有得。所谓'得者'，谓其行之熟，而心安于此也。"[①] 邢昺曾说，"德者，得也。物得以生谓之德"，把"德"与"生"联结起来讲，甚好，符合美学乃第一哲学义。

---

① 《朱子语类》，卷23。

II 能力、情感与观念

问：回到伦理学，你说过"先有伦理，后有认识。认识规则（语法、逻辑）是从伦理律令中分化演变出来的。这一点至为重要"（《第四提纲》）。

答：如上所说，理性是人类群体为维持生存延续在自己行为活动中所形成累积了一套规范、法则、秩序，经由历史和教育积淀在个体心灵中，并通由物质化的外壳即语言表现之。制造—使用工具的社会实践活动是在人群中进行的，从而这里的"主体性"当然就包括了人际关系即所谓"主体间性"。"主体性"与"主体间性"本不可分割。"主体性"本就是指作为群体的人与客体自然相互作用的生产—生活的实践过程（即所谓"狭义"的实践），其中即包含这过程中的人群（人际）关系。"人是理性的动物"在这里就显现为"人是政治动物"（Aristotle）。而认识论最基本的思维规律同一律、矛盾律，我以为首先来自群体社会实践活动中的二分法命令：做或不做，这样做或不这样做，以及后来是敌人还是朋友等等的实践要求，此即伦理学群体（主体间性）的行为规范、要求，它先于主体认识的思维规则。这就是我所说的"伦理先于认识"。附带再说一次，二分法本只是人类维系生存的一种实用命令、手段和方法，如我再三举例过的街道上的红绿灯，并非属于事物本身，包括主客体之分等等都如此。这手段和方法对人类生存非常必要，但也带来问题和缺点。

问：你是说伦理学上的善恶、好坏、敌我二分甚至是形成逻辑基本规律的祖先？

答：逻辑基本上是操作层面实践活动的产物①，但存在层面的人群伦理，要求行为、态度的是非对错明确二分，无疑也起了重要作用。我举过儿童看戏的现象。他（她）们经常要问：这人是好人还是坏人？现实中和戏剧中好人坏人本难彻底二分，但小孩总希望有个明确回答。为什么？因为他（她）需要确定对这个人的肯定或否定的情感态度。为什么要确定情感态度？是因为这才便于他（她）在行为活动中（包括在想象的行为活动中）如何对待。凶狠的灰狼、狡猾的狐狸（坏蛋），亲切的白兔、可爱的绵羊等千篇一律的童话故事，都是为了培育儿童的这种情感态度和道德心理，也就是培育善恶的理性观念和肯定否定的人性情感。理性的善恶观念在这里与好恶爱憎的人性情感是交融混合在一起的。中国传统讲的"是非之心"就是这种混合物，既有理性判断的是非对错，也有情感态度的好恶爱憎。有"情"也有"理"。

问：所以你的伦理学既强调人性能力（康德），又重视人性情感（Hume）？

答：但仍然把人性能力（在伦理学，这即是意志能力）置放首位，由于理性对感性的绝对主宰才构成道德行为的特征，而为动物所无有。所以我不赞同把道德自觉的理性行为如牺牲一己等

---

① 参阅拙作《论实用理性与乐感文化》文。

同于动物自然本性的"利他主义",把恻隐、辞让、爱恶、是非"之心"都说成来自动物或动物也具有。三十年前我说过幼儿园教导小孩不要抢别人东西的例子,即说明所谓"辞让之心"既非天生(动物本能),也非"先验"(上天赐予),而是人为教育的结果。《礼记·内则》:"八年(八岁)……即席饮食,必后长者,始教之让。"这就是培育理性主宰感性的人性能力,亦即意志能力。中国古代说"礼"是"节文"也就是这个意思:有一套繁文缛节来规范人的行为、举止、活动、姿态、欲望、意念,强调作为人,要"立于礼"。可见,心理的理(道德自觉,意志能力)本是由社会的礼(伦理秩序,制度规范)所铸造成的,并非出于本能。"礼者,理也。"人不同于禽兽,也就在有"礼"(培育人性能力)"乐"(培育人性情感)。所以,我看重荀子。

问:再明确一次,你认为是道德精神的特征就在于此理性凝聚,由理性绝对主宰感性?

答:然也。我之所以要大讲康德,就是要强调道德行为的特质并非情感,不是什么"恻隐之心",而是服从理性命令。所以才有违背个人一己之私(包括情感、欲望、利益以至生命本身)即自我牺牲的道德行为,成为人们敬重、赞叹、仰慕、学习的崇高对象。它之所以崇高,正在于常常不是以经验苦乐为生存基础的生物个体的大多数人所能做到。由于"理性凝聚"主宰情感和行为从而选择违抗生物生存避苦求乐的自然因果律,这才是"自由意志"。这是康德伦理学要点,也是儒学伦理的要点。"富贵不能淫，贫贱不能移，威武不能屈"，并非生物本性自然本能，而是理性选择并决定的自由意志，此之谓"大丈夫"，亦即人之所以为人之"本体"所在。将自觉的道德行为和自由意志归结为动物本能或自然本性，认为人作出种种自我牺牲只是顺其自然而无须考虑，无须选择（例如选择生还是死），无须思想斗争，也没有各种非常强烈的情感矛盾、内心冲突，这不符经验事实。母亲为护卫子女而牺牲自己有自然本能的基础，相反则未必然，更无论其他的"利他主义"的行为了。利他并非只是本能的情感，在理性的伦理行为中，生物本能、遗传基因虽仍起作用，但毕竟不是决定性的因素了。

问：自我牺牲毕竟是少数甚或特殊的情况。

答：但在日常生活中，各种自我克制却仍然是这种理性对感性的主宰。不过，我之所以仍然讲Hume，就是因为Hume提供了人类一般行为的动力说明。一般行为也就是社会伦理的一般原理，这的确是以个体生理苦乐经验为基础的群体秩序和规范。社会总由个体组成，两者利益追求一致是常态。在一般情况下，各个社会、时代以及宗教、文化并不要求每个个体时刻牺牲自己，即并不以违抗个体生存避苦求乐的情感自然要求为准则，从而情感如同情心、"恻隐之心"、"爱心"、"共感"（设身处地）便是人们日常生活中遵循伦常秩序的道德行为的重要动力。所谓"己所勿欲，勿施诸人"、"黄金律"等等也由此树立。所以，一般的伦常秩序便经常以培育这种"爱心"（肯定性的人际感情）为重要内容。但即使如此，爱心、同情、恻隐等肯定性情感与仇恨、虐待、妒忌等否定性情感一样，如前所说，却仍然并非道德行为或自由意志的必要条件或充分条件，既不是无之必不然（没有同情或仇恨也能执行理性命令而自我牺牲），也不是有之必然（即使同情或仇恨也不一定能产生自我牺牲的道德行为）。它只是一种非常重要的动力因素，这在以前答问中应该已经讲清楚了。

问：如果培育否定性情感如仇恨，也可以执行理性命令，杀人如麻而无动于衷甚至引起兽性的愉悦，这难道还是"人性能力"和"自由意志"吗？

答：复杂性就在这里。所以才作出人性能力、人性情感、善恶观念三分。善恶本是一种观念，这种观念虽与个体苦乐有密切联系，但它们主要是一定时代社会群体所规范、制定、形成的观念体系、意识形态的一个部分。它们不是心理形式，而是具有特定社会意识的认知，并成为人性能力所执行的"理性命令""自由意志"的具体内容，同时它也渗透融化在人的情感之中而左右着情感。今天执行理性命令的人肉炸弹，在圣战者看来仍然是可敬重的人性能力的展现，只是他（她）们的善恶观念完全错了。恐怖分子为"圣战"（他们认定的善）而甘愿作人肉炸弹滥杀无辜，屡仆屡继，在展现自我牺牲的人性能力上并不亚于各种奋不顾身的英雄烈士，但恐怖分子杀害无辜，违反现代社会性道德的基本原则，激起现代人们普遍、强烈的否定性情感（在某些极端分子那里引起的也可能是赞颂观念和肯定性情感），便把本可尊敬的人性能力这个方面完全掩盖和抹平了。人性能力与肯定性人性情感和正确的善恶观念（如现代社会性道德所提出的是非对错）相结合，才能够得到现实的和历史的广泛认同和赞许。而培育肯定性情感（爱、恻隐之心）并以作为善的观念的基础，也正是为了使人性能力得到良好的实现。把相互渗透纠缠本难割开的能力、情感、观念先三分，而后说明其关系和联系，才能明确问题，否则难讲清楚。这里还得说明一点，并非所有否定性情感都是有害或错误的，如羞耻、自咎、惭愧以及仇恨等等，也并非所有肯定性情感都是有益或正确的。这都需具体境况而定，这只是形式心理而非具体社会价值的判定。

问：你是想区分作为社会意识的善恶观念与作为心理结构的能力和情感。

答：人性能力、人性情感都是个体所拥有的心理形式和结构，它们都有特定的生物生理基础（不仅人性情感，包括人性能力的脑结构或通道，如前所说，也以动物拥有忍耐、等候等自我克制的自然本能为基础），而善恶却完全是经由社会意识灌输给个体的理性观念，并随不同社会不同时代而变迁、差异甚至冲突、对抗。在中国，氏族体系基础的先秦与专制统一大帝国的后世，善恶观念和标准便不完全一样。先秦儒家讲君臣"以义合""合则留不合则去"，相对"平等""自由"。后世却是"君不君，臣不可不臣""天王圣明，臣罪当诛"，父子、夫妻关系也基本如此。近代谭嗣同则提出"君臣，朋友也""父子，朋友也"等新的社会伦常秩序和新的善恶观念,五四时代更明确地提出"反对旧道德,提倡新道德",追求自由恋爱,背叛家庭,猛烈抨击"二十四孝",颠覆了过去的善恶观念和是非标准。可见,善恶是有变化的理性观念,说人性本善、人性本恶,人性善恶混等等,不仅缺乏意义,而且把许多问题搅在一起,反而弄不清楚了。可见,由于道德观念(善恶标准)的变异带来的人们行为的变迁,更不是生物因素、遗传基因所能解释的。

问:既然善恶观念和道德标准因时代而异,为何又说共同人性?

答:个体离不开群体,每个社会群体为维持其生存、延续都要对个体作出各种行为的规范和准则,有时并要求个体作出各种牺牲包括牺牲生命,这也就是社会的伦理秩序。各种伦理秩序、行为规范虽因时代、社会、文化、宗教而大有差异、矛盾或对抗,但在为群体而约束甚或牺牲一己这一心理形式上却是共同的。它们在组建脑神经不同于动物的通道、结构上是相同的。这是就人性能力说。就人性情感说,也如此。阿Q临刑前因画不好圆圈而羞愧,小孩因考试失败而羞愧,吴梅村、钱谦益因降清而羞愧……尽管其性质、内容、程度、大小、轻重绝不相同,但羞愧这一道德自觉的心理形式结构即人性情感却又是相同的。这如同在认识领域内尽管思维内容不同,语言文字不同,但遵循形式逻辑基本规律的思维形式却又是共同的。此外,各社会时代、文化、宗教的善恶理性观念也有相当一致的地方。在相对性的善恶观念中也可以积累许多共同的、绝对的、普遍必然的理性原则、规范和观念，体现为"共同人性"。所以这共同人性也包括上述三个方面。由此可见，把共同人性说成是生物本能的普遍性，或先验理性的普遍性，都是简单化了。

问：你说"道由情生"、"道始于情"的中国儒家比仅仅服从理性命令的康德，也比 Jesus Christ 的情爱更具有人类普遍性？

答：这也是区分之后的联结，理性凝聚的自由意志是人性能力，推动这人性能力是人性情感。将人性情感如爱人建立在理性观念之上（墨子的"兼相爱交相利"、基督教的上帝的爱 Jesus 的爱、Islam 的真主旨意……都是以特定观念认识如上帝、耶稣、真主为前提），就不如建立在人生而秉有的生物自然本性（观念之前已拥有，如婴儿、动物的亲子爱）再加以理性化提升。因为它有自然本性即生物因素、遗传基因的强力支持。多纳德·蒙罗对比基督教与孟子，有类似看法，我很高兴"吾道不孤"。

问：何谓"理性化提升"？

答：即将动物的自然本性予以自觉认识、社会解说和系统培育和教导，使之巩固、明确、传承和扩大。这当然是通过各种伦理规范和群体秩序而实现的。动物的亲子爱似乎主要在母与子女之间，子女成年离走后即结束，而且常常是单向。中国儒家却把这种生物的自然本性解说成超越的、先验的、具有神圣性永恒性的"天经地义"，不仅要求父（不只是母）慈子孝，并扩展到幼"人之幼"老"人之老"，并将父子夫妇兄弟关系，扩大到君臣、朋友("迩之事父，远之事君"，"四海之内皆兄弟也"，以及诗文中以男女喻君臣等等)。将生物的自然本性提升为一整套观念体系和制度秩序，以之定出是非观念、善恶标准，这也就是"缘人情而制礼"①，并将培育三者(情感、能力、善恶观念)合为一体，成为"道由情生"，"天命之谓性，率性之谓道，修道之谓教"，"天、命、性、情、道、教"(郭店竹简)。这是中国文化伟大的"转换性创造"即自然人化：人由自然人变为社会人。

问：你大讲"情本体"，认为情感是人生的根本实在，但又讲人性能力是人的骨骼，情感只是血肉，似乎前者更重要，这不矛盾吗？

答：这其实仍是理性、感性的问题。我强调人是理性的动物，但人如只是骨骼，也就变成了僵尸死骨而不是活人了。前面讲"三分"是理想型的分类，实际上在人的各种人性能力中，也渗透着各种情感；从学习到发现发明各种认识真理过程中的苦恼、困惑和快乐，各种道德行为中的肯定否定感情如敬重、景仰、自豪、仁慈和羞耻、悔恨、惭愧、自咎，等等等等。人性远不只是作为骨骼的"能力"，人类独创的灿烂文化和文明所带来的各种观念对作为动物生存的人及其心理各因素有着多方面的正负作用，因之也将所谓"人性"弄得异常复杂。作家艺术家在各种作品中所描绘的形形色色的人性，包括文明带来的欢欣幸福和压迫痛苦。痛苦中所宣示的崇高和怯懦，幸福中所产生的愧疚

---

① 《史记·礼书》。

和罪孽,各种极端的或说不清道不明的人生境遇和生活体验,包括快慰与创伤同行,高尚与卑劣共体。乖戾中有真情,真情中有虚伪,包括人们欣赏并快意于现实中绝不愿意亲自尝试的种种经验、境界、苦乐……便极其复杂、多样、微妙和丰富。我之所以用 DNA 来讲述审美心理,即以此故。这都属于人性,而非神性、机械性或兽性。这也就是我所概括为"情本体"的实在人生。所以我一方面讲超脱自然因果的自由意志(理性凝聚,虽然在大脑机制上并未超脱),另方面,又讲自然因果的生物因素的理性化提升。二者相通却又有区别。"自然人化"和"人自然化"是一个极为广阔深邃的课题和领域。

Ⅲ 两种道德与儒学传统

问:你说只讲内在道德,为何又讲"宗教性道德"和"社会性道德"这两种外在伦理规范?

答:因为现代中国人的许多心理矛盾和情感冲突都与此相关。明确两者的特征本质,明确作为现代社会性道德最高准则,即为康德所概括出的"人(个人)是目的",乃公共理性,与情感无干,很有必要。前次答问说过,我对康德的解释有两个层面,即人性能力的心理形式层面和现代社会性道德的内容层面。虽然两者都被认为具有普遍必然的绝对性,实际上只有前者如此,后者仍然只是特定(即现代社会)时空条件下的产物。所以我说古代的中西社会或今天的战争时期,"人是目的"便没有也不可能有。我用这两个层面解释康德伦理学含义，前人似乎没有说过，自以为可能解决康德研究中的一大难题。

问：你把康德的先验形式解说成心理形式，并认为这心理形式是人类通由历史（群体）和教育（个体）自我建立起来的，倒与你三十年前《批判》书讲的认识论的先验普遍必然性实际乃人类的"客观社会性"相当一贯。但既说"人是目的"只是现代社会性道德，又说它也有"普遍必然性"，这如何说？

答：这"普遍必然性"也仍然是人类的"客观社会性"。由于我不相信人类历史将全面倒退，因之，出现和成熟于现代生活的社会性道德便成为和将要成为人类的一种普遍性价值和原则。所以我明确反对否弃启蒙理性大开倒车的各种时髦理论和思潮。

问：但你又说要用中国传统来弥补启蒙理性的缺失？

答：我以"道由情生"的中国宗教性道德来"范导"（而非"建构"）中国现代社会性道德，却根本不赞同把传统"民为贵"等等与现代的自由、民主混同起来。中国现代社会性道德只能以中国现代社会的成长发展为基础，为"本体"。虽然"民为贵"的传统可以作为重要资源起特定范导和适当建构作用（如不只凭理性原则而重合情合理，实行法治秩序又重视人治道德等等，以前我多次举过"秋菊打官司"的例子），但任何文化资源、宗教信仰却都不能成为"体"，"体"只能是在人民大众的日常生活。日常生活是"体"，文化、宗教只是"用"。

问：你强调外在伦理的历史性质，难道"人生而平等"也是时代的社会性而非某种永恒的先验的或自然的人的本性吗？

答：这问题上面不已经回答过了吗？人生而平等并非自然本性，也非先验原理。猴子王国有等级制，强者为王，没有生而平等。中国、西方的古代也没有"人生而平等"的观念，传统中国家庭中父子能平等？君臣能平等？连夫妇都不平等。古希腊也一样，自由民和奴隶平等吗？"人生而平等"以及自由、人权、独立等等都是现代社会的理性观念，它们只是现代社会性道德和法律。好些学人喜欢完全脱离特定的时空物质环境如各种生产、生活的实践水平和方式来大讲永恒不变的绝对价值、人性意义等等，我一直持怀疑和反对态度。

问：伦理学一般都讨论幸福问题，为何你没谈？

答：幸福归根结底是个体的某种主观感受。这感受并无一定标准，A感到幸福的，B感到痛苦。只有在物质生活层面上，即在维持生命生存的方面，可以有共同标准，丰衣足食总比挨冻受饿幸福，身体健康总比疾病缠身幸福。但仍然有些人以生活贫困甚至身体痛苦为幸福，因为他们认为这样才能得到或已经得到某种精神上的超越、提升、满足、快乐和幸福。所以我说幸福是一个美学或宗教问题。

但既然在物质生活层面一般仍有共同标准可言，幸福也就可以也应该成为一般伦理学和政治哲学所研讨的课题，亦即讨论以苦乐经验为基础的人们物质生活即现实社会中的公平、正义、原则、规范等等，也包括研讨现实生活、人际关系的婚姻、家庭、恋爱、友谊、自然环境种种苦乐感受和合理关系等"幸福"问题。但这些确乎不属于我的讨论范围。

问：现代社会性道德如自由、平等、人权、民主等本身不可以也是宗教性道德吗？

答：对某些个体来说，的确可以把它们作为自己毕生追求的生活目标、人生意义、绝对价值和情感信仰，即以"对"为"善"。现代好些仁人志士就是如此。但它不可以成为要求每个人都必须信奉的宗教性道德。因为这恰恰违背了现代社会性道德的基本原则。现代社会性道德正是以只要不严重伤害别人，便必须允许、认可不同个体选择和决定自己的人生目标、生活意义、绝对价值、宗教信仰为基本原则。现代社会性道德强调情感、信仰的极大宽容、多元和差异，否则便无所谓"自由""平等""独立""人权"了。因之如拙著《历史本体论》所再三阐明，理性的"对错"并不等同于有情感、信仰强大因素在内的"善恶"。尽管"对错"经常激发或伴随强烈的情感和信仰，但并不要求人们一致奉行某种情感和宗教。现代社会性道德只是公共的理性规范，即以遵守法律为重要特征的一整套行为准则和它们在个体心理中的自觉呈现。

问：你说现代以前，两德（宗教性道德与社会性道德）合一，那儒家讲的"仁"、宋明理学讲的"德性之知"是道德境界还是宗教境界？

答：两者都是。但"德性之知"与"闻见之知"（认知、知识）究竟是何种关系，却始终是儒学一个老大难问题。朱熹强调"格物致知","下学而上达",想通过对世间秩序的认知和肯定("穷理")来达到或取得内在心理的与"天"("天、理也")同一的最高境界。是否可能呢?陆王派反对。于是聚讼纷纭,争论激烈。进入现代,世间秩序大变,所"穷"之理与心性道德修养更截然分途,甚至冲突矛盾。在辛亥革命君臣一伦崩毁后,占据正统的朱子儒学终于垮台。

问:但在教育即培育人性上,朱学似乎有道理?

答:朱子强调读书穷理,格物致知,强调逐一并仔细认知、分辨是非善恶,且不管其是非、善恶的具体内容,在强调文化观念转入、渗透个体心理即积淀这一要点上,不像陆、王强调心灵直觉不重理知分辨、容易流向随心所欲的自然人性论上,有它的优胜处。但后者(陆、王)却又有解放思想打破陈旧观念的好作用。朱学在强调人用理性观念主宰感情的自制力、意志力等人性能力的培育上,王学在培育同情心、共同感的仁民爱物的人性情感上,各有千秋。

问:你讲中国传统的宗教性道德可以对现代社会性道德有所范导和适当构建,并提出"美学是第一哲学"的本体论可以在政治哲学展开为"和谐高于正义",这似乎是一个新命题,如何讲?

答:由于文化传统不同,各民族进入现代社会,其现代性、现代社会性道德和政治哲学也会有差异,以自由、平等、独立、人权、公平、互利这些普遍价值为原则的具体实现形式也会有差别。

但第一，政治哲学是专门领域，我乃外行，无法多讲。第二，更重要的是，现实中还缺乏这方面足够丰富的实际经验，仍然需要时间积累，过早仅凭文本来具体讨论设计，常常无益，**而且有害**，有害于正义原则作为普遍价值的实现。因之，下面也就只能抽象地简单地说说。

"正义"作为西方政治哲学的最高范畴，是理性的是非判断。理性、言语（语言）占据西方哲学形而上学和本体论的中心。即使在情感上，基督教和希腊哲学的结合使"最后审判"和"道成肉身"的爱，也具有理性的 *logos* 特征。上帝、耶稣的爱是原动力，是第一位的，如前已指出，这在心理上仍然是理性（观念）胜出（动物和婴儿便没有上帝、耶稣的观念）。中国则由于以理性化的自然本性为基础，强调"道出于情"，不以"理"而以"情理"（合情合理、情理和谐）为基本准则，形成以"天人合一""乐与政通"为最高理想的方向和心理。孔夫子说："听讼，吾犹人也；必也，使无讼乎。"这就使"讼"即有关正义的判决居于次要地位。而"和谐"（人际关系的和谐、人与自然关系的和谐、人的身心和谐）则成为最高准则。我以为，这可以为中国现代社会性道德、为中国的现代性创造出某种既具民族资源也有人类普遍性的新东西。这是我所讲的中国传统的宗教性道德对现代社会性道德的某种范导和适当建构，这也就是"西体中用"和"转换性创造"。

问：中国传统的宗教性道德早已丧失殆尽，何来范导和适当建构？

答：我曾认为，"中国文明有两大征候特别重要，是以血缘宗法家庭为纽带的氏族体制"①。这个体制在后世以"三纲六纪"的伦常秩序构成中国传统的宗教性道德（亦当时的社会性道德，二德合一）。其基础却是以温情脉脉的亲子家庭关系为主轴而长久流传。现代表层结构的"三纲六纪"崩毁殆尽，但重生（生命、生活、生存）、重情（亲情、人情、乡情、山水花鸟之情）的文化心理深层结构却仍存在，并呈现在人们的习俗和意识中。只要家庭不消灭，此情此在此理便将长存。在理论思想上，从周易到董仲舒到宋明理学甚至到康有为、谭嗣同，他们所讲"天地之大德曰生"，"仁，人心也"，"体仁"，"仁，以太之用"，等等，都将人的情感赋予了整个宇宙自然天地万物，构成了泛情感的宇宙观和本体论②。今天历史本体论所提出的"美学是第一哲学"和"乐与政通""和谐高于正义"仍然是这一传统的理论承续。但承续的却不只是经典文本，它仍然以现实中国人的生存特征为依托为基础。

问：你这样大讲中国传统与近些年来的大陆儒学热、国学热、孔子热有何关系否？

答：毫无关系。1985年出版的《中国古代思想史论》就讲中国传统，提出"实用理性""乐感文化"等等，当时处在反传统的热潮中，曾遭凶狠批评。《论语今读》始写于1990年，出版于1998年，幸亏出版得早，今天我就不会拿出去了。许多年前我讲过，要

---

① 《说巫史传统》。
② 参见拙著《中国古代思想史论》。

继承的主要是中国传统的"神"（文化精神）而非"形"（表层形态）。这表层形态不只是典章制度、仪文礼节，也包括过去的儒学理论、词语观念等等。至于"神"当然可以各有所见。我历年提出的"实用理性"、"乐感文化"、"度的本体性"、"情本体"、"一个世界"、"儒道互补"、"儒法互用"、"巫史传统"等等就是朝这个方向的努力。

问："形"不存，"神"又安在？

答：我这里所说的"形"只是指儒学或传统的表层结构和形态。真正寓"神"的"形"，是"体"，即上述中国十几亿人的现实生活，这是二三十年来我一直强调的儒学的现实根基。钱锺书《管锥编》引证大量材料，说明"形用"即"体用"即"质用"①。这里的"形"、"体"、"质"均属物质或物质性，倒可以作为我多年所讲现实生活才是"体"，文化只是"用"的文献资料的佐证。所以我既讲承续中国传统，又坚持"西体中用"，在"中用"过程发展"西体"而影响世界。大家知道，我一直反对以"气"、"意志"、"需要"、"欲望"、"生命力"、文化、纲纪、传统、伦常道德、意识形态、儒家学说等等为"体"实质仍在维护官本位专制体制的各种"中体西用"说。

问：你这个补充说明似乎只是重复已经讲过的问题。

答：我说过"重复有一定好处"，希望引起读者注意，同时也是

---

① 钱锺书：《管锥编》第四册，第1422页；增订本，第2页。

这个"同心圆"① 的自我完善。本来就讲得非常简略，补充一些，也仍然是挂一漏万，远不完备，但只好如此了。

摘自《人类学历史本体论》

---

① 《实用理性与乐感文化·后记》。

四、新一轮"儒法互用"

(2009)

Ⅰ 善是什么

问：你这几篇伦理学答问是否太简略了？

答：所以称它为伦理学纲要，即哲学伦理学。它不涉及伦理学许多具体问题，它不是规范伦理学，不是德性伦理学，也不是元伦理学，它主要是从人类学历史本体论的情本体角度来讲的伦理学。

问：你把道德与伦理作内外二分，在字源上似无根据。

答：对。*morals*、*morality* 源自罗马拉丁文，*ethic*、*ethics* 源自古希腊文，但经常混同使用，中文也如此。我特意将之二分，是为了突出内在人性（人性能力、人性情感和某些共同的善恶观念）与外在人文（一定社会时代的善恶观念、秩序、礼俗、制度、风习）二者的区分、联系和复杂关系。我以为这一内外区别以及将道德分为宗教性道德和社会性道德，将人性分为能力、情感、观念，有助于厘清德性伦理学与规范伦理学、应该如何作人（*to be*）与应该如何做事（*to do*）等等一直纠缠不清、争论不休的问题。

问：很明显，你认为善恶作为一定社会时代下的观念、规范、准则本与人性无关？

答：我是自然人性论者。人生下来如同动物生下来一样，其本性无所谓善恶；但由于成长在人类的历史环境中，在动物本能基础上，才培育和积淀出人所特有的人性能力、人性情感和某些共同的善恶观念而区别于动物，即中国古人所谓的礼义乃人禽之别。

问：你不赞成先验论，认为外在伦理造就了内在道德。

答：对个体和群体讲，都如此。我多次举过小孩必须受教育的例子。

问：既然不能说人性本善本恶，那么善究竟是什么呢？有没有普遍必然的善或"最高的善",即"至善"呢?"善"不经常是伦理学的主题么?孟子讲性善,Plato追求探索善的本质形式。

答:我刚才已说了,善恶作为特定时空环境下人的观念,是有变迁差异的。Hegel 说"世界的历史"(*world history*)就是"世界的正义"(*world justice*),也是强调善恶的时代性、相对性。我虽然赞赏历史主义,认为今天的善恶主要是公德的对错,但也认同不同文化、不同宗教所追求的道德"至善"或"最高的善"、"自足的善"、"绝对的善"等等,我称之为"善本身"或"善的本源"。正是这种宗教性道德对"善本身"的追求,显现了伦理在历史相对性、时代性中积淀出的人性能力、人性情感以及某些善恶观念的绝对价值和独立意义。各文化、宗教、哲学对此"善本身"有不同的解读,有的归诸上帝、神灵,有的归诸理式、理性,有的归诸天理、良心,我则归诸人类总体的实践活动。

问:你的《美学三题议》①就界定善为"人类主体的实践活动"。该文说,"人类作用于现实世界的感性物质力量,是一种有意识有目的的实践活动,具有不同于动物的普遍必然性质,名之曰善",这就是你的"善本身"或"善的本源"?

答:时间真快,转瞬快五十年。当年这个说法,我仍然坚持。这个"人类主体实践活动"是指人类总体,多年文章中我再三讲的"人类生存延续",不正是依存、实现和可等同于人类主体(总体)

---

① 见《哲学研究》,1962 年,第 2 期。

的实践活动么？人性情感和人性能力中的许多素质、品格和美德以及善恶观念，不也正是产生于这一实践活动过程之中，并为此活动服务的么？所谓"有意识有目的"，不就是在目的意识支配下的理性凝聚或自由意志么？

问：你既提出善恶与对错区分，强调善恶观念的相对性和社会时代性，为什么又要讲善的本源或善本身呢？

答：这是任何伦理学回避不了的，而且我既讲宗教性道德，当然就有这个"善的本源"或"善本身"的问题。

问：你将"善本身"作为人类总体的实践活动，但又强调具体的善恶是随时代社会而变易不居的，这如何衔接？

答：第一，上次答问中已讲，善恶观念也有共同性的部分，并认为康德讲的四例——不说谎、不自杀、助别人、禁怠惰，是任何群体维持生存延续的强（前二者）弱（后二者）必要条件，对人类培育人性能力（如毅力）、人性情感（如诚实）有共性。但它们又仍然不能作为绝对的善恶律令来主宰每一具体行为。这一点，前答问中已讲得很多了。

第二，并非任何实践活动都是善，纳粹的实践活动、恐怖分子的人肉炸弹、今天大量毁坏自然环境以及许多个体或群体的实践活动，都不是善，而恰恰是恶，是错，是对人类总体实践活动的逆反和犯罪。所以"人类总体"与我提出的"人与宇宙自然的协同共在"①一样，是一个目的性的范导理念，它与其他哲学或宗教提出上帝、神灵、先验理性、天理良心作为"至善"的范导理念之不同只在于：它具有物质性。

问：记得你批评先验理性时说，什么是先验，什么不是先验，很难划定界限。你这个"人类总体"是否有同样的问题？

答：不然。先验（transcendental）常随意扩大，康德讲的只是"纯粹理性"，后人就扩大到了神圣性、精神性等等。"人类总体"无法扩大，任何群体或个体的实践都不是人类总体，"总体"还不同于"整体"，因为它不只是当下人类全体或整体，而且还包括过去与未来在内的整体和个体。

问：那么你这个"人类总体"和"人类主体实践活动"不就是空概念吗？

答：不空。但它作为目的性的范导理念，与经验性的知识概念不处在一个层面；因之，不能把善本身、善的本源与由社会时代决定的善恶观念混为一谈。

问：Hegel说，恶是历史的动力，贪婪使资本家发财，当然也可造福社会。那么，贪婪是善还是恶？一些伟人品质甚坏而成就斐然，是善还是恶？

答：这也是把不同层面的问题混为一谈。更重要的是，历史在悲剧中前行，幸福与道德常不相伴，需要具体析辨。一般来说，资

---

① 见《论实用主义与乐感文化》，2004年；《关于美育代宗教的杂谈问》，2008年。

本家并不光靠贪婪恶行就能发财,他(她)们还有其他可以称道的素质和品格。而狡诈凶狠的伟人,尽管雄才大略,人们肯定其历史功绩,却并不一定有道德上的认同。相反,一些受人景仰、追慕的人物,却常常是或事功不显或功败垂成。古话说,"不以成败论英雄"正可说是从伦理角度着眼的。

问: 你这伦理学是否功利主义(ulitarianism)?

答: 不是功利主义的"最大多数的最大幸福",而是每一个人都是目的,但这需要漫长的历史时日才能实现。《历史本体论》两种道德论一开篇就引爱因斯坦的话,"我认为伦理学只是对人的关怀,并无超人类的权威立于其后"。我说过,任何以完全超越个人生存的理性或非理性的名义或事物作为道德本源,容易导致危险。我的"人类总体"强调"个人生存",特别是在现当代。

问: 三十年前的《批判哲学的批判》,你以"人类如何可能"来回答"认识如何可能",伦理学中你又以"人类总体"来替代"先验理性"?也许因为上帝造人已渗入西方人的无意识层,便不提出"人类如何可能"、"人类总体"之类的问题?

答: 我提出这些,正是中国非人格神的"天行健""人性善"的"有情宇宙观"的哲学言说。我所说的"善本身"、"善的本源",是人类(总体)的生存延续,是人类总体的实践活动,不正是中国庆生、厚生、乐生的传统吗?这不正是"天地国亲师"、"人与宇宙自然协同共在"的宗教性道德吗?

问: 你不断说人性本无善恶,怎么突然又跳出来一个"人性善"？

答："人性善"与"天行健"一样，是儒学的有情宇宙观，[①] 它只是关乎信仰、情感的宗教性道德，即**相信**人性本善。当然，按经验知识和自然人性论，人性本无善恶，这与公共理性的现代社会性道德紧密相联。

问：那宗教性道德又如何"范导和适当构建"现代社会性道德呢？

答：在这根本点上，两德是不同甚至对立的，所以我才强调两德的区别。但与相信"原罪"或"人性恶"的宗教性道德（如基督教伦理）一样，相信"人性善"的中国传统可以范导和适当构建人性本无善恶的现代伦理，使之更多注重同情、感化，防止理性强制的泛滥。

问：这就是外王的政治哲学的方面吗？

答：是也。

II 和谐高于正义

问：上帝死了，理性崩毁，尼采和海德格尔都嘲笑伦理学，后现代以来的道德虚无主义变成了今天的伦理学理论的浩荡潮流，你如何看？

答：正因为此，我才提出"情本体"、"美学是第一哲学"，以

[①] 拙作《哲学探寻录》，1994年。

及由此而出的"和谐高于正义"等命题,认为以传统为基础,争取从理论上摆脱这一潮流,将有助于中国走自己的路,并有人类普遍性。前面将人类总体的实践活动作为"善本身"或"善的本源",就是想化解西方伦理学中自然主义与非自然主义、功利论与义务论,"善的本源"是经验苦乐还是上帝或理性、是生物学路线还是神学路线的种种纷争,以阻挡当代道德虚无主义。

问:虽然你没讲幸福,但你说伦理学一分为二,即美学—宗教哲学和政治哲学,两者实质上都关乎幸福:精神幸福和物质幸福。你的"美育代宗教"又讲了精神幸福,你又大讲"吃饭哲学"和现代社会性道德,是否包含了一个政治哲学系统?

答:不敢这么说,因为我没专门研究过政治学。但我提出的"两德论"(1994)和"经济发展→个人自由→社会正义→政治民主"四顺序论(1995、1999),"以及欧盟是走向世界大同之道"①(1992、2002。)等,可以在我的人类学历史本体论基础上展开政治哲学系统。但我没能力做了。

问:上世纪末以来,你提过"新一轮儒法互用",能否再讲几句?

答:再讲也仍然简单。在内圣方面,我以"未知生,焉知死"来渗入海德格尔,在外王方面,我以"新一轮儒法互用"来化解自由主义。我以为,从上述庆生、厚生、乐生和天地人共存的珍惜、

---

① 《关于民族主义》。

爱恋的情本体出发，以维护血缘家庭并扩而充之为基础，它所产生的己群和谐以及身心和谐、天人和谐，将高于主要以理性裁决为特征的"正义"。这就是上面讲的中国传统宗教性道德（天地国亲师）对现代社会性道德（自由、平等、人权、民主）的"范导和适当构建"。

问：你说正如中国哲学缺乏 truth（真理），中国伦理学缺乏 justice（正义）。

答：这太夸张。但我以为，中国的"义"译为 righteousness、justice 都不很准确，也许可以译为 obligation，它是人对五伦、家国和宇宙自然所应承担的义务。"义"，"宜也"。为何宜？如何宜？与"理"有关，但根源却在"情"。我一再讲"道由情出"，即是之谓。在西方，作为正义问题核心的公私区别和对立，从 Plato 以来便非常突出。脱离了家（私）的关系，"正义"作为平等的城邦自由民的政治关系（公）的准则，高悬法庭，理性至上。中国不同，原典儒学是礼乐论，是以亲子关系为主轴构建合情合理、情理互渗的社会政治关系，从家庭、氏族、部落、国家到天下，虽然有一定的理想化，但和谐却是明确的总目标，强调人不只是社会理性的、秩序制度的，同时也是人际情感的、心灵和同的。"正义"来自"理"，"和谐"出自"情"，但无"理"的规范，"情"也无从实现，此之谓"合情合理""通情达理"。

问：你在《说儒法互用》一文（1999）举出"屈法伸情"、"原心论罪"、"重视行权"、"必也无讼"，说"儒"的渗透使"法"产生了很大的灵活性、伸缩性、情境性。这个"礼法交融"延伸维持了秦汉以来两千多年的中国政教文明，是否今天政治哲学所应研究的一笔思想遗产？

答：我抄一段陈寅恪的话作回答吧。陈说："汉承秦业，其官制法律亦袭用前朝。遗传自晋以后，法律与礼经并称，儒家《周官》之学说悉采入法典。夫政治社会一切公私行动莫不与法典相关，而法典为儒家学说具体之实现。故二千年来华夏民族所受儒家学说之影响最深最巨者，实在制度法制公私生活之方面。"①

问：但你又坚决赞赏反孔、反儒、反礼教的五四启蒙运动。

答：两千年特别是明清末世以来，在忠孝仁义的光昌道德律令下，的确大量"杀人"、"吃人"，僻远山区的贞节牌坊和通奸沉塘的礼俗比比皆是，如我多次引戴东原、康有为、谭嗣同、宋恕所说"三纲五伦之惨祸烈毒"，"如地狱矣"，在不把人当人的时代，提出人是目的的自由平等人权民主，即使一时偏激，也非常必要。

问：你不是讲"度"吗？

答：我讲的"度"，是一种**动态性**的结构比例，它随时空环境而变，并非一味地永恒地是中间、平和、不偏不倚，那恰恰不是"度"。一时的偏激，从整体来看，可以是一种"度"。经验告诉我们，矫枉必须过正，不过正无以矫枉。但又不是凡矫枉必过正，需

---

① 《冯友兰〈中国哲学史〉下册审查报告》。

视情况而定,这才是"度的艺术"。

问:你不是"要改良不要革命"吗?

答:我从未一般地否定革命,而是反对一味地歌颂革命,认为革命带来的负面作用值得重视。

问:现今学人反对五四,也许是想从中国儒家传统找出与自由平等人权民主等现代观念接头的因素。当然也有学人完全否定这些现代观念,要回到原封不动的三纲政教。

答:我抄自己一段话作答:"在古典自由主义文本中,我仍然倾向于 tocqueville。他重视自由与民主(平等)的尖锐矛盾,而以协调为解决之道。如果把它放在我所主张的马克思主义吃饭哲学(科技生产力的发展是这个托式所谓'大势'、'天意'的根源)和儒家'中庸之道'('度'的艺术)的基础上,结合总结世界特别是中国自己的历史经验,加以吸取同化,希冀或可在制度层面上开拓新一轮的'儒法互用'。"①

问:这如何讲?

答:又重复一次,"自由主义这种'原子个人'、'自主个体'与注重社会关系的中国儒学距离甚远,而社群主义则更为接近一些"②。所以我一方面提出"两德论",赞成罗尔斯的"重叠共识"(overlap consensus)实即"脱钩论"(与传统脱钩),认为

---

① 《说儒学四期》,1999年。
② 同上。

"权利优先于善",另方面又以为中国传统哲学的情本体可以渗透、融化在以个人权利和社会契约为核心的现代法律、风俗、制度之中。我是提倡启蒙,超越启蒙。一方面我赞赏谭嗣同说"父子朋友也",但我又主张子女对父母亲情应有适当的法律设定,如此等等。

问:这就是你所说的传统的宗教、伦理、政治,由"礼教三合一"转化为"仁学三合一"。

答:对。如《〈说巫史传统〉补》(2006)所说,"建立在现代生活的'社会性道德'基础之上,又有传统的'宗教性道德'来指引范导而形成新的统一,以创造出新形式新结构的'宗教、伦理、政治三合一'。它就仍然可以是'天地之塞吾其体,天地之帅吾其性;民吾同胞,物吾与也'(张载《西铭》)的精神,这便是对传统的转化性创造。"(此词与"转换性创造"在拙诸作中同义使用)。

问:你这个"儒法互用"并不突出宋明儒学和现代新儒家的道德主义,也未突出主张私人美德的精英主义或人治德治。

答:我坚持法治,辅以人情,而不是相反。但又重视传统德治人治中的情本体精神如何能注入到现代法治中。我也重视作为"治人者"的各级官员们的道德,但首先仍然是公德,即遵循法律、按章办事、尽忠为国、献身职守,包括救火队员、战场官兵的奋勇牺牲,这都是公德。至于这些公德如何与他们的个人信仰和对人生价值、生活意义的追求(私德)相衔接或不衔接,那就属于宗教—美学范围了。

问：你也多次批评了作为现代社会性道德的基础的自由主义的各种理论。

答：有意思的反讽是，自由主义的原子个人论，本是对历史的虚构，却成了今天的真实。本书摘引的各篇都作了很多批评，其中没有提及的而应该一提的是，今天大量单亲家庭对少儿心理的负面影响。这些都说明，在理论上探索"新一轮儒法互用"对走出中国自己的路，是有人类意义的。但所谓"和谐高于正义"，是就人类未来远景、是就中国对未来世界的献贡来说的。作为它的哲学基础的"情本体"是我上世纪就提出的。但从当时至今，我一直认为，目前首先要重视的，还是公共理性、正义、现代社会性道德在中国政治和社会生活中的严重缺位，所以仍然要强调"权利优先于善"（指优先于各宗教、文化、哲学所宣讲的善恶观念），尤其要警惕各种"性善论"、"和谐论"来掩盖、贬低和阻挠以"正义"为基本准则的现代社会性道德特别是其制度的真正建立。

问："和谐高于正义"与"权利优先于善"不矛盾吗？

答：前者主要是范导，后者是建构，两者可能发生冲突，也可相辅相成，这就看如何理解和把握了。

问：你赞成一人一票否？

答：我不迷信。我常说，希特勒凭选票上台，美国议会民主长期未能阻止越战大错。从八十年代至今，我一直反对中国立即实行全国性的一人一票，直选总统和反对党制，因为中国人太多，国太大，size matters，现在实行一人一票的总统直选和反对党制，与自由派想像的也许恰好相反，很可能是高举国家至上的民族主义、高举均贫富倡平等的民粹主义的人物上台。对内厉行专制，对外引发战争，急剧放慢甚至摧毁经济。但一人一票作为基本人权（每人都有权利参与政治）和作为所谓"现代民主的核心价值"不应否定。问题在于以何种方式和如何逐步实现它，这需要经验积累，摸着石头过河。15年前，我也谈过一些具体意见，见《再说"西体中用"》（1995）等文，此处不重复。

问：归结起来，你认为"儒学第四期"主题是"情欲论"，似乎专指内圣，引理入欲，使欲成情，这能否包括外王方面？

答：当然包括。此之谓新的"内圣外王之道"。以宗教性道德即儒家说的"安身立命"（make one's home, a sense of spiritual belonging）和西方说的"终极关怀"（ultimate concern）来"范导和适当构建"现代社会性道德。将身体（body）、欲望（desire）、个人利益（pesonal interests）和公共理性（public reason）向"情"（emotion and feeling）复归，使人从空泛的人是目的（康德）和空泛的人是此在（海德格尔）走向人间世界各种丰富、复杂、细致的情境性、具体性的人。以孔老夫子来消化康德、马克思和海德格尔，奋力走进世界中心。这就是人类学本体论所想探索的。

是可以为结。